울지 말고 당당하게

울지 말고 당당하게

하종강이 만난 여인들

하종강 글 | 장차현실 그림

이숲

여인(人)을 만나다

24년 동안 같은 미용실에서 머리를 잘랐다.

고등학교를 졸업하고 나서 처음 내 머리를 잘랐던 미용실 '언니'는 공교롭게도 내가 사는 동네 근처에서 계속 미용실을 열었다. 그동안 열심히 일해 모은 돈으로 작은 빌딩을 짓고 일 층에서 미용실을 개업했는데, 그 빌딩도 우리 동네 근처에 있었다.

닭발볶음 요리를 처음 먹어본 것도 그 미용실에서였다. 단골 할머니 한 분이 냄비 한 가득 가져오신 새빨간 닭발볶음을 같이 먹자고 자꾸 권해서 처음 먹어보았는데, 꽤 맛있었다. 미용실 원장님과 직원들과 손님들이 모두 어우러져 입술을 발갛게 칠하면서 한참을 먹었던 기억이 난다. 두어 달 뒤에 머리를 자르러 갔다가 그 닭발볶음 할머니가 노환으로 돌아가셨다는 슬픈 소식을 들은 적도 있다.

언젠가 원장님은 내 머리를 자르던 중에 아버님이 돌아가셨다는 전화를 받았다. 그런데 울면서도 여전히 내 머리를 잘랐다.

"지난 추석에 못 뵈었거든요. 곧 설이 되니까 그때 가서 뵈면 되겠지 하는 생각으로 고향 집에 안 갔는데, 이렇게 뵙지도 못한 채 돌아가셨네요…."

엉엉 흐느껴 울면서도 계속 머리를 잘랐다. '다른 사람에게 맡기고 빨리 가보시라'고 했는데도 '그래도 자르던 머리는 마저다 잘라야지요' 하면서 끝내 내 머리를 다 자르고 나서야 고향 집에 갈 채비를 했다. 한 손으로 계속 눈물을 닦아내며 머리 자르는 동작을 멈추지 않던 그 미용실 원장님 모습이 생각날 때마다 숙연해진다. 노동운동을 그분만큼 철저하게 열심히 하는 사람도 흔치 않다.

지금은 환갑이 넘었는데, 얼마 전 '이제 나이가 많이 들어서 요즘 유행하는 머리 스타일로 예쁘게 자를 수 없으니, 다른 미용실에 가시라'고 솔직하게 말씀하셨다. 그 뒤로 나는 이곳저곳 미용실을 전전했지만, 아직도 마음 붙일 만한 '원장님'을 찾지 못했다.

30년 가까운 세월 노동문제와 관련된 분야에서만 살아왔다. 조금 거창하게 표현하면 '노동운동'이라 불리는 것이 내가 해온 일일 텐데, 노동문제와 전혀 관계없는 분야에서 만나는 여인들이 있다(굳이 '여인'이라고 표현한 이유는, 언젠가 어떤 이가 쓴 글에서 '여인[女人]이라는 단어에만 사람 인[人] 자를 쓴다'고 특별한 의미를 부여한 것을 얼핏 본 적이 있어서다).

내가 하는 일과 관련 없는 분야에서 만나거나 또는 함께 일하며 아껴온 후배가 어느날 문득 여성으로 다가서는 느낌! 그런 경험이 한 번도 없었다면 그것은 새빨간 거짓말이거나 내가 목석이라는 뜻일 게다.

내 안해도 비슷한 경험을 했다고 한다. 어느 날 버스 안에서 한 중년 사내를 보았는데 숨이 탁 막히도록 좋은 느낌을 주더란다. 얼른 정신을 차리고 '우리 남편도 저렇게 나이를 먹었으면 참 좋겠다'는 생각으로 얼버무렸지만, 한편으로는 '남편에게도 이런 일이 생기지 말라는 법은 없다'는 생각이 문득 들더라는 것이다. 그날 저녁 우리 부부는 대강 이렇게 합의했다.

"그런 사람을 만나 가슴 한구석에 한 줌 그리움 정도 간직하고 사는 것까지 뭐라고 하지는 않겠어. 그러나, 그 크기가 한 줌을 넘으면… 그때는 너 죽고 나 죽고, 완전히 사생결단하는 거야."

이 책은 그렇게 만난 '참하다'는 느낌을 주는 여인들에 관한 이야기이다. 읽다 보면 '사생결단할 일'은 없으려고 노력하는 갸륵함이 곳곳에 엿보이는 것 같아 스스로 웃음 짓는다.

1부에서는 노동문제와 관련된 공간에서 만난 여성 노동자들에 관한 이야기를 묶었고, 2부에서는 비교적 자유로운 공간에서 만난 여인들에 관한 이야기, 그리고 고마운 안해에 관한 추억들을 추렸다.

노동문제에 대해서도 그렇고, 여성문제에 대해서 깊이 있는 내용을 다루는 것이 이 책의 목적은 아니다. 그러기에는 내 내공이 한참 모자란다. 자본주의 사회에서 '노동자'라고 불리는 사람들이 당해야 하는 서러움에 대해서는 뼈저리게 보고 느껴서 알고 있는 바, 우리 사회 여인들은 '노동자'라는 서러움에 '여성'이라는 불리함이 더해져 곱빼기로 힘들 것이라고 막연히 짐작할 뿐이다.

대학 수업에서 여성문제를 다루는 시간에는 특강 강사를 초빙했다. 강사를 소개하면서 '나도 양성평등에 대해서는 무식한 사람이라서 오늘은 특별한 강사를 모셨습니다'라고 했더니 그 강사가 강의 첫머리에서 이렇게 말했다.

"하 소장님도 조금 전에 '양성평등'이라고 표현하셨잖아요. '양성'이라는 것은 남성과 여성을 뜻하는 것이거든요. 그렇다면 자신의 성 정체성이 남성도 아니고 여성도 아니라는 고민을 안고 살아가는 성소수자들은 그 표현에서 갈 곳이 없어요. 양성평등이 아니라, 그냥 '성평등'이 올바른 표현입니다."

참 부끄러웠다. 그래서 사람은 죽을 때까지 계속 배워야 한다.

오래전, 사람이 빵만으로는 살 수 없다는 생각으로 PC 통신 천리안의 문화예술사랑동호회를 드나들다가 프영모(프랑스 영화를 사랑하는 사람들의 모임)에까지 발을 뻗었다. 모임에 참석할 때마다 노동문제 밖의 분야에 대해 내가 너무 무식하다는 것을 확인하는 열등감을 느꼈다. 그때 나를 거의 구원하다시피 도와주던 여성이 몇 년 만에 연락했다.

"저 출판사 하고 있는데요, 노동문제에 관한 이야기보다 그동안 만난 여인들에 대해 쓰신 글이 있잖아요. 저는 그런 얘기가 훨씬 더 좋더라구요. 책으로 내시지요."

그게 벌써 3년쯤 전이다. 사실을 말하자면, 이숲출판사의 김문영 씨는 나에게 경이로운 여인의 표본이다. 몇 가지 외국어를 능수능란하게 구사하면서 한국 정부에 인공위성이나 미사일을 판매하는 으스스한 외국 회사에서 잔뼈가 굵은 고액 연봉자, 커리어 우먼이 어느날 갑자기 모든 것을 정리하고 출판사를 시작했다. 노동운동 분야에서도 그렇게 과감한 결단을 내리기는 쉽지 않다.

두 해 전, 몸이 아파 모든 일을 접고 몇 달 동안이나 꼼짝 않고 쉬었을 때, 일보다 더 많이 쉬게 된 것은 몸이 아니라 내 정서가 아니었나 싶다. 몸이 나아 다시 일을 시작하게 되었지만, 불쑥 찾아오곤 하던 가슴 뭉클한 낭만적 정서 따위는 거의 한 치도 남아 있지 않다는 불안감이 엄습했다. 예전에 썼던 글을 꺼내 다시 읽어 봐도 이제는 유효하지 않은 그 케케묵은 감정이 몹시 민망하게 느껴질 뿐이었다.

그때 다시 연락이 왔다. 까맣게 잊고 있던 원고를 가편집한 교정지를 받아들었을 때, 얼굴이 후끈거려 한동안 방치했다.

"장차현실 쌤이 그 그림 그리는 데 거의 1년이나 걸린 거예요. 이번 책은 기존의 쌤 책과는 완전 다른 콘셉트이니 염려 놓으시고요. 글의 감동에는 유효기간이 없으니 지난 글도 상관없어요."

그래서 이 책이 세상에 나오게 됐다. 원고 작업을 진행한 나의 오랜 친구 김문영 씨의 말 한마디, 3년을 기다려준 인내, 그리고 볼품없는 원고에 힘을 실어준 존경하는 장차현실 씨의 1년여에 걸친 작업에 기대어 이 낯 뜨거운 원고를 세상에 내놓는다. 더 보태고 싶은 말이나 꼭 해야 했던 이야기, 기쁨과 슬픔의 사연이 더 많이 있지만, 부질없이 다음을 기약한다.

여성 노동자들이나 그들을 지켜보는 남성 노동자들이나 과거의 척박했던 현실을 돌아보고, 현재 자신의 모습을 살펴보며, 서로 더 많이 사랑하고 배려해서 더 나은 세상에서 살아갈 힘을 얻기 바란다. 혹시라도 기업을 경영하는 사람들이 이 책을 읽게 된다면, 함께 일하는 여성 노동자들의 현실을 더욱 인간적인 시선으로 바라보는 계기가 되었으면 좋겠다.

곧 5월. 세월은 흘러도 다시 처음처럼 뜨거워질 사람들에게, 그동안 만난 여인들에게, 그리고 미처 말하지 못했던, 훨씬 더 많은 한결같은 그대에게 이 책을 바친다.

2010. 4. 24. 생일에

결코 다 갚을 수 없는 어머니와 안해의 사랑에 작은 마음을 보태며,

하종강 씀.

2부 _ 여인의 향기

제1부

노동 현장에서

어느 할머니 이야기

키가 자그마한 할머니 한 분이 불편한 걸음으로 사무실 안으로 들어오셨다. 걸음 폭이 한 뼘 정도밖에 되지 않는데 우리 사무실까지 어떻게 올라오셨을까 싶었다. 백발의 할머니는 얌전하고 세련되게 화장하신 터라, 행동거지가 불편한데도 흔히 보는 중풍 걸린 노인처럼 단정치 못하다는 느낌은 없었다. 말을 계속하기에 숨이 차신 듯, 한참을 쉬었다가 다시 잇곤 하시는 그 할머니의 이야기를 나는 오전 내내 들었다.

○○병원 노동조합장이었던 김○○를 아시는지 모르겠어요. 2년 전쯤 이 상담소의 도움을 받아 체불임금 청구소송을 했던 그 노동조합 위원장이 제 아들입니다. 제 아들이 평소 남 위하는 일이라

면 발 벗고 나서는 성격이었는데도 노동조합 지부장을 맡기 전에 며칠이나 고민하더군요. 그러더니 결국 자기는 아직 총각이고 홀어머니 말고는 딸린 식구도 없으니 자기 같은 사람이 노동조합을 맡지 않으면 누가 하겠느냐고 하더군요. 저 역시 일평생 사람이 옳게 사는 게 중요하지, 다른 거는 하나도 중요하지 않다는 생각으로 살아왔고, 애들에게도 그렇게 가르쳤기 때문에 아들에게 부디 잘해보라고 당부했습니다.

아들은 지부장이 되더니 나중에는 위원장을 맡더군요. 그러던 어느 날 조합원들의 체불임금을 계산한다고 라면박스 하나 가득 서류를 들고 집에 와서 이틀 밤을 꼬박 새더라고요(할머니는 의외로 '지부장', '위원장', '체불임금' 등의 용어들을 여느 노동조합 간부보다도 정확하게 사용하셨다. 그 밖에도 젊은 사람들이나 알 법한 단어들을 매우 정확하게 알고 계셨다. 그뿐만 아니라 입술이 약간 일그러져 말투가 어눌하게 들렸는데도 토씨 하나까지 자로 잰 듯 정리된 표현을 쓰셨다).

그해 여름 아들이 친구들과 속초로 해안 탐사 활동을 가기로 했어요. 그런데 갑자기 강원도 쪽으로 태풍이 몰아치는 바람에 탐사가 어려워졌습니다. 그러자 선발대로 먼저 현장에 가 있던 친구들이 서울에 있는 대원들에게 연락하여 탐사가 불가능하니 출발하지 말라고 했지요. 하지만 아들은 이미 친구들과 속초로 떠난 뒤였습

니다. 그러나 다행히 속초에서 모두 만나 탐사를 포기하고 돌아오던 길에 소양강 댐 언저리에서 날이 저물었답니다. 호숫가에 텐트를 치고 밤을 보냈는데 아침에 인원을 점검해 보니, 한 사람이 없더랍니다. 마침 잠수 장비를 가진 대원이 있어서 강바닥을 조사했는데 거기서 우리 아들 시신이 나왔답니다.

저는 그때 이미 중풍으로 쓰러져 몸이 많이 불편한 상태였는데 아들이 춘천 어느 병원에 있다는 연락을 받고 허겁지겁 갔지요. 응급실에 가서 아들을 찾았지만 없는 거예요. 한참 헤매고 있는데 영안실에 가보라고 누가 알려줍디다. 세상에….

주변사람들이 그러더군요. 제가 몸이 불편해서 아들 묘를 만든다고 해도 나중에 찾아가 보지 못할 테니 화장을 하는 게 좋겠다고요. 그래서 아들이 자주 다니던 북한산에 아들 친구들이 추모비를 하나 세워 주었습니다. 저는 그마저도 몸이 불편해서 거기까지 한 번도 올라가 보지 못했어요.

두고두고 생각해 보면 어찌나 후회가 되던지…. 그때 조금 무리를 해서라도 허름한 산모퉁이에 손바닥만 한 땅뙈기를 사서 묘를 만드는 건데 잘못했다 싶어 밤이면 잠이 오지 않았어요. 그런데 북한산이 무슨 국민관광지로 지정되고 나서 정부가 거기 있는 비석들을 모두 철거한다고 하대요. 아들 친구들이 집으로 찾아왔지만, 뾰족한 수가 없으니 걱정만 하다 돌아갔습니다.

제가 너무 괴로워하는 걸 보고 하루는 시집간 둘째 딸이 오더니 그러더군요.

"엄마, 걱정 마. 내가 빚을 내서라도 동생 뉘일 땅 하나 마련하지 못하겠어?"

그렇게 둘째 딸아이가 전국 방방곡곡을 뒤져 강원도 인제 근처에 땅 열 평을 샀습니다. 나중에 죽으면 저도 같이 묻힐 수 있게…. 아들 친구들이 북한산에 올라가 밤샘작업을 해서 추모비를 철거해 끌고 내려왔고 현충일인 다음날 그곳에 묘를 만들었지요. 아들이 생전에 입던 양복, 소지품, 사진, 책 몇 권을 관에 넣어서 묻었습니다.

이제부터 제가 오늘 여기에 온 이유를 말씀드리지요. 아들이 죽고 나서 며칠 후 재단 이사장 비서실장이란 사람이 집으로 찾아와서는 아들이 생전에 자기와 아주 친하게 지냈다고 하더이다. 아들은 노동조합장이고 자기는 비서실장이어서 서로 입장은 달랐지만, 나이도 동갑이고 홀어머니 모시고 사는 처지도 비슷해서 개인적으로 매우 친했다는 겁니다. 앞으로 자기가 친어머니처럼 모시겠노라고…. 또 제가 교회에 다니는 걸 어떻게 알았는지, 자기도 기독교 신자인데 친한 친구의 갑작스러운 죽음을 보고는 심경에 변화가 일어 직장을 그만두고 이제부터라도 목사가 되기 위해 공부를 시작하겠다, 당장은 먹고살아야 해서 못 하지만, 여건만 되면 곧 신학 공부를 하겠다는 겁니다. 얼마나 기특하던지….

그 후 그 젊은이는 정말 집에 자주 찾아왔어요. 올 때도 빈손으로 오지 않고 꼭 뭔가를 사 들고 왔지요. 사람이 아주 진실해 보이더군요. 저도 죽은 아들 대신 새로 아들이 하나 생긴 것 같아 정말 좋아했습니다. 그렇게 몇 달이 지났는데 하루는 그 사람이 인삼 한 상자와 돈 10만 원을 들고 오더니 이런 말을 하는 겁니다. 생전에 우리 아들이 이사장님을 상대로 소송을 제기한 걸 무척 후회했다고. 아들은 소송을 원치 않았는데 조합원들이 하도 하자고 해서 조합장으로서 어쩔 수 없이 했던 거라고. 그 착한 성품에 자기 때문에 이사장님의 명예가 훼손된 걸 평소에 얼마나 마음 아파했는지 모르실 거라고…. 그러니 저더러 아들이 제기한 소송을 취하해 달라는 거예요. 소송을 취하해 주면 이사장님이 특별히 생각하셔서 300만 원을 주겠다고 했답니다. 이사장님의 명예 때문에 그런다고, 다른 이유는 없다고, 생각해 보시라고. 10년 넘게 데리고 있던 부하 직원에게 송사를 당했으니 이사장님이 얼마나 마음이 아프시겠냐고….

저는 소송을 취하해서 이사장님의 명예가 바늘 끝만큼이라도 회복된다면 그보다 좋은 일이 없겠다 싶어 결국 아들이 제기했던 소송을 취하해 주고 말았습니다. 정말 돈 300만 원이 탐나서 그랬던 것은 절대로 아니었어요. 그리고 그 돈에 대해서는 까맣게 잊고 살았습니다.

제가 아들의 소송을 취하해 주고 나자 젊은이는 발길을 끊더군요. 그래도 저는 그 사람을 감히 나쁘게 생각할 수 없었어요. 그동안 그 사람이 제게 했던 그 많은 말이 모두 새빨간 거짓이었다는 어마어마한 사실을 어떻게 받아들일 수 있겠습니까? 만약 그렇다면 저는 또 얼마나 어리석은 사람이 되어야 합니까? 저는 그걸 받아들일 수 없었습니다. 지금도 그렇게 생각하고 싶지는 않습니다 (오래전, 그 소송이 취하되었다는 사실을 알았을 때 나는 그 노동조합장의 가족을 무척 원망했다. 소송을 취하하기까지 그런 사정이 있었으리라고는 짐작도 못했다. 다만 2년 가까이 끌어오면서 다 이겨놓은 사건이 소송취하로 물거품이 되어버린 게 너무나 안타까웠다. 패배의식에 빠져 있던 조합원들이 작은 승리라도 얻음으로써 기쁨을 만끽할 기회가 바로 눈앞에서 사라져 버렸다는 게 억울해서 한동안 그 생각만 하면 화가 났다).

그런데 문제가 좀 생겼어요. 사실은 '좀'이 아니라 큰 문제였지요. 작은딸이 동생 묏자리를 살 때 빚을 냈던 겁니다. 식구들 몰래 빚을 진 거예요. 그 빚이 눈덩이처럼 불어나 문제가 복잡해지고 급기야 딸아이는 이혼하고 말았지요. 물론, 그게 이혼 사유의 전부는 아닙니다.

그때서야 그 돈 300만 원이 생각납디다. 그 300만 원만 있었어도 딸아이가 그런 곤욕은 치르지 않아도 되겠다 싶었지요. 그래서 비서실장이란 사람에게 전화를 해보았어요. 그런데 처음에 두어 번 통화가 되더니 그 후 통 연락이 안 되었습니다. 사무실에 전화하면 없다고 하고, 집에 전화하면 안 들어왔다고 하고, 새벽에 전화해도 벌써 나갔다고 하고…. 제가 우리 집 전화번호를 알려주면서 새벽도 좋고 밤중이라도 좋으니 꼭 전화해 달라고 부탁해 두어도 전혀 연락이 없었습니다. 그러다가 며칠 전에 그 사람이 미국에 갔다는 사실을 알았어요. 그러니 이를 어찌하면 좋겠습니까. 그래도 저는 그 젊은이가 결국 신학 공부하려고 미국에 유학 갔나 보다 생각하고 싶으니 제가 바보도 한참 바보지요. 그래서 하도 답답해서, 여기라도 와 보면 무슨 수가 있지 않겠나 싶어서 이렇게 찾아왔습니다.

법이 도무지 쓸모가 없을 때가 바로 이런 때다. 시효가 이미 지났다는 것 말고도 그야말로 뾰족한 수가 없는 사건이었다. 돈 많은 놈들의 하루 저녁 술값도 안 되는 300만 원을 둘러싸고 할머니가 겪어야 했던 삶이 너무 눈물겨워 실감이 나지 않을 지경이었다. 나는 어째서 법이 이런 경우에는 전혀 쓸모가 없는지 차근차근 설명해 드리고 나서 몇 마디 덧붙였다.

"할머니, 저도 교회에 다닌 지 오래 돼요. 그리고 독실한 신자는 못 되지만 집사예요. 나이도 꽤 먹었고 아이도 둘이나 있습니다."

할머니는 아이고 그러시냐고, 참 감사하다며 좋아하셨다(교회에 다니시는 어르신들은 처음 만난 이가 교회가 다닌다는 걸 알게 되면 '감사하다'고 하신다). 할머니는 그때부터 나를 '집사님'이라고 부르기 시작했다.

"제가 왜 이런 말씀을 드리는가 하면 말이지요. 허튼말을 함부로 할 만큼 제 나이가 어리지는 않다는 걸 알아주셨으면 해서요. 할머니, 그 돈 300만 원에 대해서는 하루라도 빨리 잊어버리시는 수밖에 없을 것 같아요. 그래야 할머니 건강에도 도움이 될 것 같습니다."

할머니는 고개를 끄덕이셨다. 말씀을 하시다가 끝내 울음을 참지 못하셨다.

"칠십 평생을 이렇게 못나게 살아왔나 싶어서 얼마나 후회가 되는지…. 제가 중풍으로 쓰러졌을 때 꼭두새벽에 그 녀석이 저를 업고 구급차 있는 데까지 얼마나 뛰어다녔는지 몰라요. 몇 번이나 지 에미는 이렇게 살려놓고, 저는 젊은 놈이 먼저 저세상으로 가서. 아이고, 이놈아야, 에미는 어찌 살라고…. 아들 녀석이 살아생전에 뼈 빠지게 피땀 흘려가며 노동해서 당당히 받았어야 할 임금을 에미가 못나서 바보처럼 못 받았으니, 이다음에 죽어서 하늘에 가면 내가 아들 얼굴을 어찌 봅니까."

이야기 끝에 나는 할머니께 명함을 드리며, '궁금하신 게 있으면 몸도 불편하신데 굳이 오시지 말고 전화하시라, 제가 댁까지 찾아가 뵐 수도 있다'고 말씀드렸다. 할머니는 내 명함을 소중하게 받아들었다. 그리고는 핸드백을 열고 잠시 뭘 찾으시더니 당신 명함이라며 작고 예쁘게 생긴 명함을 주셨다. 칠순의 할머니에게 명함이 있다는 사실이 신기했다. 명함을 들여다보며 내가 말했다.

"호가 있으시군요. 서예를 하시나 보지요?"

"아니오. 되지못하게 시를 좀 써요."

"아, 시인이셨군요. 시집도 내셨어요?"

"아니오. 그것도 괜한 공명심이다 싶어서 안 했어요. 하지만 여러 해째 봄이 되면 덕수궁에서 시화전을 열고 있어요. 그게 사람들이 시를 가까이하는 데에는 훨씬 더 좋은 것 같아서…."

아! 할머니 얼굴이 마치 소녀 같았다. 아들을 잃고 중풍까지 걸린 칠순의 노파가 어쩌면 저렇게도 순수한 느낌과 영롱한 말씨를 지녔을까.

"제 환갑 때 사람들이 기념 시집을 만들어 준다고 해서 원고를 차곡차곡 모아 놨었지요. 그런데 그만 집에 불이 나서 그 원고가 홀랑 재로 변하고 말았어요. 칠순 기념으로 하나 내볼까 하고 있었는데 이 경황에 그것도 어려울 것 같아요."

한동안 그 할머니의 존재는 내게 커다란 충격이었다. 그날 이후 별로 특별한 일이 없었는데도 나는 그 할머니와 많이 친해 졌다. 어느 날인가 할머니는 보험설계사 일을 하는 따님한테 얻 었다며 원적외선 물병을 주러 일부러 먼 길을 오시기도 했다. 그리고 할머니의 기구한 가족관계도 자세히 알게 되었다.

나이 쉰을 넘긴 첫딸은 오래전에 갑자기 남편을 잃고 그 충 격을 이기지 못해 정신병자가 되었다. 10년 동안이나 정신병원 과 기도원을 오가며 생활하다가 요즘은 할머니 집에 와서 함께 사는데 몸이 불편하신 할머니가 오히려 그 딸을 돌봐야 할 형편 이었다.

둘째 딸은 세 번 결혼했고 세 번 이혼했다. 그래도 억척스럽 게 세상과 싸워 이겨 작은 집 한 칸이라도 지니고 살면서 할머니 에게 가끔 용돈이라도 드릴 수 있는 자식은 그 딸 하나뿐이다. 지 금은 보험설계사 일을 하면서 두 번째 남편한테 얻은 초등학교 5 학년짜리 아들과 단 둘이 사는데, 두 번째 남편은 자기에게 아들 이 있다는 사실을 여태 모르고 있다.

그 밑의 아들은 몸이 어디가 불편한지 자세히 모르지만 아무튼 정상적인 사회생활을 하기가 어렵다고 한다. 최근에야 어느 곳에 경비로 취직했는데, 할머니가 함께 데리고(아들이 어머니를 '모시고'가 아니라) 살고 있다.

그리고 막내아들이 바로 내가 아는 노동조합장이었던 사람이다.

그 무렵, 아침 일찍 열렸던 한 토론회에 참석하느라 새벽부터 일어나 바쁘게 서둘렀는데 그 덕에 노동부와 경총에서 별 준비 없이 나온 사람들을 밀어붙일 수 있었지만, 그나마 유일한 내 편이라고 할 노총 참석자가 어쩌나 무성의하고 어눌하던지 화가 안 풀린 상태로 사무실에 막 돌아왔을 때였다. 여직원이 전화가 왔다며 바꿔 주었다. 한 아주머니의 다급한 목소리가 들렸다.

"하 선생님이세요?"

"예."

"이○○ 할머니 아시지요? 그 할머니 딸이 오늘 교통사고로 죽었어요."

"……."

"지금 ○○병원 영안실에 계신데 할머니께서 하 선생님이 꼭 오셨으면 좋겠다고 하셔서요. 할머니가 지금 워낙 경황이 없으셔서…."

"어느 따님이오? 할머니하고 같이 사시는 분이오?"

"아니오."

"그럼, 보험회사 다니시는 분이오?"

"예. 맞아요."

아, 어찌 이럴 수 있을까? 세상에 어떻게 이런 일이 있을 수 있을까? 마침 그 병원 노동조합 위원장을 아는 터라, 그에게 '영안실에 한번 내려가 봐 달라'고 전화로 부탁하고 서둘러 병원으로 갔다. 지하철에서 내려 연신내 언덕길을 한참 걸어 올라가는데 눈물이 나왔다. 영안실 입구에 다다르니 할머니가 나와 계시다 내 손을 덥석 잡으시고는 이내 울음을 터뜨리신다.

"아이고, 집사님 오셨군요."

나는 아무 말도 못했다. 할머니를 의자에 앉히고 손을 잡고 있는 것 외에는 아무 말도 할 수 없었다.

"아침에 눈을 뜰 때마다 요즘은 정말 '하나님, 저로 하여금 오늘 하루를 더 살게 하시니 감사합니다'라고 기도해요. 이제 죽을 때가 되었다 싶어서 자기 전에 매일 깨끗한 속옷으로 갈아입고, 쓰던 원고도 정리해 놓고, 언제 누가 와서 보더라도 창피하지 않게 매일 꾸러미를 싸놓는 게 일인데. 나는 이렇게 죽지 못하고… 어찌 이런 일이 있을 수 있습니까? 그동안 남들 안 당하는 불행을 당할 때마다 '하나님, 이제 더는 마옵소서, 이제 더는 마

29

옵소서' 하면서 얼마나 기도했는데⋯. 집사님, 어찌 이럴 수 있습니까?"

영안실에 들어가 밤 아홉 시쯤 되었을 때 할머니가 깜빡 잊고 있었다는 듯이 말씀하셨다.

"손주 녀석이 학원 갔다가 집에 와 있을 텐데⋯. 아무것도 모른 채 혼자 집에 있을 텐데⋯."

내가 다녀오겠노라고 했다. 집을 아는 분이 함께 가시자고 하니, 어느 아주머니가 나섰다. 바로 할머니의 큰따님이었다. 할머니는 경황없는 중에도 가방에서 열쇠꾸러미를 찾아주시며, '요게 대문 열쇠고, 요건 현관 열쇠'라고 가르쳐주셨다. 할머니는 죽은 둘째 딸이 '꼭 받아야 하는 중요한 전화가 올 테니 집 좀 지켜 달라'고 해서 이틀 전부터 그 집에 와 계신 터였다.

집에 가보니 아들아이는 아직 돌아와 있지 않았다. 낯선 집 마루에 앉아 기다리는 수밖에 없었다. 그동안 할머니가 집으로 전화하셨다.

"집사님, 저녁 못 드셨지요? 시장하실 텐데 어쩌나⋯."

"괜찮습니다."

"냄비에 보면 햇감자 삶은 게 있을 텐데 냉장고에 있는 주스

하고 같이 그거라도 좀 드세요."

"괜찮다니까요."

"죽은 딸아이가 아침에 나가더니 햇감자라고, 어머니 쪄서 드시라고 사 와서 내가 얼른 삶아서 따뜻할 때 먹고 가라고 했어요. 그랬더니 그거 겨우 두 개 집어먹고는 집에서 나간 지 십 분도 채 안 돼서 이런 일이 생긴 거예요. 우리 딸이 죽었다는 걸 아직도 믿을 수가 없어요."

"아이가 아직 집에 안 왔는데 열 시까지 기다려보고 그때까지도 안 들어오면 큰따님 보고 집에 계시라고 하고 저는 다시 병원으로 가겠습니다."

"예, 그런데 집사님, 오실 때 담요나 얇은 이불 석 장하고 방바닥에 제가 벗어 놓은 안경 좀 갖다 주시겠어요? 죄송합니다. 그리고 감자 꼭 드세요."

그 경황에도 다른 사람 배고플 걸 걱정하다니… 나는 감자를 네 개나 먹었다. 아무 말도 안했는데 큰따님이 설탕을 밥그릇에 가득 퍼다 주었고 커피를 큰 컵 하나 가득 넘치도록 수돗물에 타주었다. 큰따님은 자세히 보니 쉰이라고는 도저히 믿기지 않을 만큼 젊어 보였다. 정말 마흔도 채 안 돼 보였다. 남편이 죽었을 때 그분의 나이도 멈춰 버린 듯했다.

열 시가 되도록 아이는 들어오지 않았다. 나는 큰따님더러

집을 지키라 하고 담요를 꾸려 대문을 나서면서 속으로는 차라리 다행이다 싶었다. 초등학교 5학년 사내 녀석에게 엄마의 죽음을 어떻게 알릴지 걱정이었는데, 그 괴로운 역할을 이모에게 떠넘긴 셈이었다.

골목길 끝에 이르렀을 때, 대여섯 명의 아이가 뒹굴며 놀고 있는 모습이 보였다. 나는 혹시나 싶어서 물었다.

"야, 너희 중에 혹시 권○○라고 있어?"

"바로 얘에요"

손가락질을 당한 녀석이 나를 빤히 쳐다보았다.

"너, 아까부터 이모가 집에서 기다리는데 빨리 가봐. 초등학생이 이렇게 늦게까지 길에서 놀면 어떻게 해?"

"아저씨는 누구신데요?"

"빨리 집에 가보라니까… 아니다. 나랑 같이 가자."

나는 아이의 손을 잡고 다시 집으로 갔다. 아이가 앞장서서 현관으로 들어가 신발을 벗고 마루 위로 올라서는데 이모가 불쑥 말했다.

"늬 엄마 교통사고로 죽었다. 빨리 ○○병원으로 가봐."

아이는 잠시 멍하니 있다가 얼른 현관으로 내려서더니 신발을 신었다. 쏜살같이 대문으로 내닫는 아이를 내가 붙잡았다.

"어디 가니?"

"병원에요."

"아저씨랑 같이 천천히 가자."

아이의 어깨를 잡고 걷는데, 문득 아이가 내 얼굴을 쳐다보며 불렀다.

"아저씨."

"왜?"

"우리 엄마 정말 죽었어요?"

"응."

아이는 울기 시작했다. 나는 아이의 어깨를 감싸 안은 채 아무 말 없이 걷기만 했다. 병원에 닿을 때까지 한 마디도 못했다.

새벽녘까지 병원에 있다가 정말 중요한 일이 있어서 집으로 왔다. 사무실에서 일거리를 한 아름 싸가지고 나왔던 길이었다. 그럴 때는 바쁘다는 것이 진저리를 치도록 싫다.

'아, 이런 날은 병원에 있어야 하는데….'

할머니 혼자, 정말 아무도 없이, 담요를 몸에 두른 채 죽은 자식이 누워 있는 썰렁한 영안실을 지켜야 하는, 이런 기막힌 현실이 어떻게 있을 수 있을까?

할머니의 슬픔을 외면하고도 바르게 살아갈 수 있는 이데올로기가 있다면, 그것은 거짓이라고 생각했다.

사랑 사랑 누가 말했나~

농공단지에 있는 공장에 노동조합이 생겼다며 연락이 왔다. 버스 터미널로 나를 마중 나온 사람이 쩔쩔매며 말한다.

"마땅한 교육 장소를 못 구했는데, 이거 죄송해서 어떻게 하지요?"

"그게 뭐 나한테 죄송할 일인가요?"

그의 뒤를 따라 논밭 사이를 한참이나 걸었더니 커다란 비닐하우스 안으로 나를 데리고 들어간다. 추운 겨울이었는데 구멍이 숭숭 뚫린 빈 비닐하우스를 교육 장소로 빌린 것이다. 먼지가 자욱한 비닐하우스 안에서 짚단을 깔고 앉아 나를 기다리는 노동자들은 대부분 사십대 아줌마였다. 쇠 다루는 일을 한다기에

35

'어떤 일을 하세요?' 하고 물었더니 한 아주머니가 대답한다.

"아주 시커먼 일이에요."

때에 절어 있는 작업복만 봐도 '아주 시커먼' 일을 한다는 걸 한눈에 알 수 있었다.

"소장님 오셨으니까, 우리 노래 한 곡 부르고 강의 듣겠습니다."

사람들이 노래를 부르기 시작했는데… 아, 나는 이십 년 만에 그 노래를 다시 들었다. 볼펜을 꺼내 재빨리 가사를 받아 적기 시작했다.

때로는 돈을 벌려고 철야작업도 했었지.
얇아져 가는 월급봉투 보며 타는 가슴만 소주로 달랬지.
임금인상 누가 말했나. 노동자의 피보다 진하다고
선진조국 누가 말했나. 노동자의 기쁨이라고
세월이 흘러 어느 날 우리 다함께 모였지.
이제 더 이상 참지 말자고 노동조합 힘차게 세웠지.

때 묻은 작업복을 입은 아줌마 노동자들이 먼지 자욱한 비닐하우스에 짚단을 깔고 앉아 손뼉을 치며 목이 터져라 열심히 노래 부르는 모습을 보자 나는 눈시울이 뜨거워졌다.

'아, 이곳에 와서 노동가요 하나 가르칠 사람이 없었구나. 이렇게 외롭게 떨어진 곳에서 노동조합을 만들고 임·단투를 준비했구나…'

마치 타임머신을 타고 이십 년 전으로 돌아간 사람들처럼 그들은 유행가 곡조에 가사를 바꿔 '노가바'를 부르고 있었던 것이다.

강의 첫머리에서 나는 말했다.

"노동조합원들은 서로 '동지'라고 부릅니다. 전국의 모든 노동조합 사람들은 처음 만나는 순간부터 서로 '동지'라고 부릅니다. 저도 처음 만나는 여러분을 이제부터 감히 '동지'라고 부르겠습니다."

그리고 이어서 이렇게 말하려고 했다.

'동지 여러분, 여러분을 절대로 이곳에 이렇게 내버려 두지 않겠습니다.'

그런데 말이 나오지 않았다. 내 앞에 앉아 있는 사람들의 얼굴 위로 이십 년 전, 1978년 처음 만났던 동일방직 여성 노동자들의 얼굴이 겹쳐지면서 목이 잠기기 시작했다.

노동조합 활동을 탄압하는 회사에 항의하기 위해 여성 노

동자들은 본관 앞 콘크리트 바닥에서 단식농성을 시작했다. 요즘처럼 스티로폼을 깔고 천막을 치고 하는 농성이 아니었다. 그냥 맨 콘크리트 바닥에 담요 한 장 없이 생으로 누워 버티는, 그야말로 진짜 '자살 텍'이었다. 삼복더위 따가운 햇살 아래서 여성 노동자들이 지칠 대로 지쳤을 때, 무술경관 부대가 들이닥쳤다(그때까지만 해도 살벌한 백골단은 없었다). 여성 노동자들은 아비규환으로 내몰렸다. 그렇게 구석에 엉켜 있던 노동자 가운데 한 사람이 외쳤다.

"우리 모두 옷을 벗읍시다. 그렇게 하면 저놈들도 인간인데… 차마 우리 몸에 손을 대지는 못할 거예요."

여성 노동자들이 옷을 벗기 시작했다. 아, 벌거숭이가 된 사백여 명의 여성 노동자는 벗어 버린 하늘색 작업복을 흔들며 눈물범벅이 된 얼굴로 노래부르기 시작했다. 동일방직 나체시위 사건…. 세계 노동운동사에서 유일하게 우리나라에서만 있었던 사건이었다.

우여곡절 끝에 노동조합 지부장을 선출하는 대의원 선거가 다시 시작되었다. 야간 근무조의 일이 끝나는 새벽 여섯 시부터 투표가 시작되었는데, 야간 근무를 마친 여성 노동자들은 미처 작업복도 갈아입지 못하고 투표소가 설치된 노동조합 사무실로 새벽길을 내달렸다. 투표하러 달려가는 노동자들….

'우리가 몇 초라도 늦으면 일이 잘못될지도 몰라.'

상황이 그만큼 긴박했다.

줄지어 투표가 시작되었는데 아니나 다를까, 투표함이 설치된 노동조합 사무실에 회사의 사주를 받은 남자들이 난입했다. '여자가 노동조합 대표로 선출되는 꼴은 못 본다'는 것이었다. 그들의 손에는 기숙사 화장실에서 퍼온 똥이 담긴 양동이와 플라스틱 바가지가 들려 있었다. 바가지로 똥을 퍼서 사무실에 뿌려대며 들이닥친 남자들은 여성 노동자들의 옷 속에 똥을 들이붓고 입안에 쑤셔 넣기까지 했다.

그때 동일방직 여성 노동자들이 만들었던 유인물 제목을, 나는 아직도 선명하게 기억한다.

'우리는 똥을 먹고 살 수는 없습니다.'

내가 세상에 태어나 처음으로 '노동문제'라는 단어를 선명하게 접한 첫 기억이다.

우리 바로 옆에서 내 나이 또래 여성들이 그런 일을 당했다는데, 생각이 제대로 박인 대학생이라면 가봐야 하지 않겠는가. 그런 천인공노할 일이 어떻게 일어날 수 있었는지 가봐야 하지 않겠는가. 원인은 무엇이고 잘못한 놈들은 도대체 누구인지 알아봐야 하지 않겠는가. 그래서 학교에 돌아와 부모님이 보내주신 대학이라고 뭐가 뭔지도 모르고 들락거리는 친구들에게 '세상에 이런 일이 있다더라' 하고 알려야 하지 않겠는가. 축제 기간에 '동일방직 노동자 돕기 찻집'이라도 해야 하지 않겠는가….

노동문제가 내 생활의 중심에 놓이게 된 것은 그때부터였다.

노동가요라고는 한 곡도 없었던 그 시대에 동일방직 여성 노동자들이 하늘색 작업복을 벗어 흔들며 불렀던 노래가 바로 그런 노래들이었다. 그들이 좋아하는 유행가의 가사를 바꾼 노가바를 목이 터져라 불렀던 것이다(이 글을 쓰면서 나는 당시 동일방직 여성 노동자였던 두 사람에게 전화를 걸었다. 그들은 나와 동갑이거나 한두 살 차이이다. 그때 우리가 열심히 불렀던 노가바 가사 몇 가지를 완벽하게 복원해 보고 싶었다. 그런데 한 사람은 생협 활동을 하느라 연락이 안 됐고, 다른 한 사람은 치과에 치료받으러 갔다고 그이의 예쁜 딸아이가 대답했다. 참고로, 그 예쁜 딸아이는 우리 아들과 이미 소싯적에 정혼한 사이다).

며칠 후, 한 전자회사 노동조합에 교육을 하러 갔다가 강의 시작 전에 노동가요 중에서는 최신곡으로 꼽히는 「내일의 노래」를 열심히 부르고 힙합 춤 동작과 흡사한 율동을 신나게 하는 젊은 여성 노동자들을 보며 마음속으로 혼자 되뇌었다.

'여러분은 참 행복한 사람들입니다. 노동가요라는 게 있다는 사실조차 모르는 노동자들이 아직도 이 땅에는 있습니다.'

울지 말고 당당하게

상황

그 여직원은 대형빌딩을 몇 채나 소유한 부동산 회사의 경리담당이었다. 고분고분하거나 상냥한 편은 아니었지만, 일 하나만은 똑 부러지게 잘했다.

'사장님 친구 딸이 놀고 있는데 이 사무실에서 일하고 싶어 한다더라'는 소문이 퍼지고 나서 며칠 후 회사가 여직원을 새로 채용했다. 그러더니 원래 있던 경리담당 여직원에게는 현관 안내와 건물 청소를 맡겼다. 창틀, 난간, 싱크대, 소파 등 '구석구석 빛이 나도록 닦으라'는 지시를 받았다. 그는 그것도 일이라고 열심히 했다. 스스로 나가 줬으면 하는 여직원이 궂은일도 마다 않고 묵묵히 하고 있으니 사장님 보시기에 오죽이나 미웠을까.

사장이라는 사람이 청소하는 그에게 다가와 말했다.

"그렇게 돈이 없냐? 아버지 없이 자라서 어려운 모양인데, 돈이 필요했으면 진작 내 밑에서 상냥하게 '사장님~ 사장님~' 하며 잘 지냈으면 좋았잖아."

다음날 출근해 보니 책상 위에 있던 전화기가 사라졌다. 그가 자신이 당하는 부당한 대우를 개선할 방법은 없는지 알아보려고 몇 군데 전화했더니 '사적인 통화를 했다'는 이유로 사장이 전화기를 가져가 버린 것이다.

회장이 회사에 나오는 날이면, '회장님이 네 얼굴 보기 싫어하시니 지하 기관실에 내려가 있으라'고 해서 온종일 지하실에 있기도 했다. 땀을 뻘뻘 흘리며 온종일 쉴 새 없이 청소만 하다가 지하실에 내려가 선풍기 바람이라도 쐴 수 있으니 처음에는 차라리 좋았다. 하지만 그렇게 지하실에 편하게 있는 꼴이 보기 싫었는지 지하실도 모두 청소하라는 사장의 지시가 떨어졌다. 언제까지 청소만 해야 하느냐고 묻자 사장이 말했다.

"네가 청소밖에 다른 할 일이 없잖냐? 퇴사할 때까지 해야지 어쩌겠냐."

그 여성 노동자는 노동위원회에 구제신청을 제기했고 그 사건이 나에게 배당됐다.

"청소만 하면서 이렇게 사느니 차라리 직장을 포기하고 억울한 대로 그냥 가슴을 치며 사는 게 더 좋은 방법인지도 모르겠어요. 그리고 덜컥 싸움이라도 일어났다가 부당해고를 당하면 저만 손해라는 생각에 참고 또 참았어요. 가슴에 맺힌 게 많아서 말 한 마디 제대로 못하고 바르르 떨다가 울고, 울다가 손에 경련이 일어나면서 마비 증세가 온 적도 있어요. 설거지는 물론, 다른 여직원 책상까지 제가 다 닦았어요. 저보다 나이 어린 직원들도 이제는 저를 무시해요. 연분이 닿지 않아 나이 먹도록 결혼을 안 했을 뿐인데 사장님은 그것까지도 뭐라고 비난하세요."

그의 가슴에 시커멓게 든 피멍이 보이는 듯했다.

"평소에도 지하를 특히 싫어해서 가급적이면 지하철보다는 버스를 타요. 지하상가도 거의 안 가고 지상에 있는 상가만 이용하는 편인데, 내내 꽉 막힌 지하에만 있다 보니 가슴을 쥐어뜯고 싶을 만큼 답답해요. 사방의 벽을 깨부수고 싶을 만큼 숨이 막힙니다. 제발 도와주세요. 살려주세요."

심판회의가 열렸다. 출석한 '사장님'은 시종일관 '경리업무는 이미 다른 여직원이 담당하고 있어서 마땅히 시킬 일이 없었다'는 말만 앵무새처럼 되풀이했다.

나

나는 출석한 그 여성 노동자에게 먼저 물었다.

"경리업무를 얼마나 오랫동안 하셨나요?"

"이 회사에서만 5년 넘게 했어요."

짧은 대답을 하면서도 그는 울먹였다.

"신청인에게는 물어볼 말이 별로 없군요. 구제신청서에 자세하게 쓴 내용을 제가 대부분 이해했기에 묻지 않는 것이니, 소홀했다고 생각하지는 마십시오."

나는 출석한 사장에게 주로 질문했다.

"경리담당 직원이 두 사람이 되는 바람에 한 사람에게는 다른 일을 시킬 수밖에 없었다는 거지요?"

"예."

"법률을 떠나서 상식적으로 생각해 봅시다. 경리업무를 5년 동안이나 했던 사람에게 청소를 시키는 것과 입사한 지 며칠 안되는 사람에게 청소 업무를 맡기는 것 중에서 어느 게 더 합리적입니까?"

"이미 경리업무는 다른 사람이 하고 있어서⋯."

"5년 동안이나 경리업무를 하던 사람에게 '새 직원이 들어왔으니 너는 이제부터 청소를 하라'고 하는 것과 들어온 지 며칠 안 되는 사람에게 '경리담당 직원이 이미 있으니 당분간 청소를 하라'고 하는 것 중에서 어느 쪽이 더 상식적인 선택이냐고 묻는 겁니다."

"글쎄, 경리업무는 이미 다른 사람이 하고 있기 때문에…."

이럴 때 흥분하면 안 되는데 아직 인격수양이 덜 된 나는 어느새 큰소리를 내고 있었다.

"초등학교 도덕 교과서 수준의 상식이 있는 사람인지 아닌지, 지금 그걸 묻고 있는 겁니다. 하나 더하기 하나가 몇이냐고 묻는 것이나 다름없는 질문인데, 피신청인은 그 정도의 생각도 못하는 사람입니까?"

사장은 아무 말도 하지 않고 나를 빤히 쳐다보았다. 안경 너머로 쏘아보는 눈빛이 이렇게 말하고 있었다.

'당신 한 달에 얼마 벌어? 나, 한 달에 1억 이상 버는 놈이야. 밖에서 너 같은 놈 만났으면 아예 인간 취급도 안 해. 세상 아주 개판됐구만. 저런 놈들이 나한테 큰소리치고도 잡혀가지 않는 세상이 돼버렸으니.'

사용자위원

노동위원회의 심판회의에 참석하는 사용자위원들은 대개 총자본의 입장을 대변한다는 긍지로 가득 찬 사람들이다. 그날 사용자위원은 대기업 인사노무 분야에 대단한 경력을 갖춘 전문가였는데 사장에게 이런 질문부터 하기 시작했다.

"경리업무는 그 회사의 가장 중요한 핵심 업무 가운데 하나지요?"

"예, 그렇습니다."

이제 손발이 착착 맞아 들어가기 시작한다.

"경리업무는 회사에서 가장 신뢰할 수 있는 사람에게 맡겨야 하는 것이지요?"

"예, 물론입니다."

"신청인인 근로자와 회사 사이에는 신뢰관계가 없었다고 볼 수 있지요?"

"예, 그렇습니다."

"따라서 신청인에게 경리업무를 계속 맡겼다면 회사로서는 부담을 느낄 수밖에 없었겠군요."

"예, 대단히 큰 부담이 느껴지는 일입니다."

이번에는 신청인인 노동자에게 질문할 차례인데, 먼저 엄숙

한 충고부터 한다.

"신청인, 잘 들으세요. 노동위원회는 모든 걸 해결해 주는 데가 아닙니다. 그걸 우선 아셔야 해요. 회사와 근로자 사이에는 근본적으로 신뢰관계가 있어야 합니다. 그런데 신청인과 회사 사이에는 신뢰관계에 문제가 있었어요. 신뢰할 수 없는 근로자에게 어떻게 경리업무를 맡깁니까? 회사로서도 지금 뾰족한 대안이 없는 거예요. 신청인의 회사 생활에 처음부터 문제가 있었던 것은 아닙니까? 다른 직원과 싸우거나 그랬던 적은 없어요?"

나는 그 여성 노동자가 그 말을 참고 듣다가 심장마비라도 걸리지 않을까 걱정했는데, 아니나 다를까, 그가 울음 섞인 목소리로 답했다.

"사장님은 제가 다른 직원들과의 관계에 문제가 있었다고 하시는데요, 5년 넘게 근무하면서 다른 직원과 다툰 적은 딱 한 번밖에 없었어요."

사용자위원은 얼굴 표정 하나 바꾸지 않은 채 계속 말했다.

"원래 회사는 인사권이라는 걸 갖고 있어요. 직원들에게 이런 일도 시키고 저런 일도 시킬 수 있는 거예요. 그 점에 대해서는 어떻게 생각하세요?"

나는 들고 있던 사건기록 뭉치를 그 사용자위원에게 냅다 던져 버리고 싶은 걸 참느라 애쓰고 있는데, 다행히 그 여성 노동자가 지지 않고 맞섰다.

"아무리 그래도 현관 구석 계단 옆에 의자 하나 가져다주고 거기가 제 자리라고, 거기서 업무 보라고 하는 것은 옳지 않다고 생각해요."

듣고 있던 사장이 끼어들었다.

"달리 마땅한 장소가 없었습니다."

나는 또 나도 모르게 큰소리가 튀어나왔다.

"우리가 가서 한번 볼까요? 그 큰 건물에 정말 다른 적당한 장소가 전혀 없는지, 우리가 직접 가서 눈으로 확인해 봐도 계속 그렇게 대답하실 겁니까?"

사장은 유들유들 답했다.

"뭐, 직접 와서 보셔도 좋습니다."

사용자위원의 질문이 계속 이어졌다.

"다른 경리직원의 권리도 회사 입장에서는 보호해야 하는 거예요. 그 점에 대해서는 어떻게 생각하세요?"

여성 노동자는 터지는 울음을 참느라 이를 악물고 답했다.

"그렇지만, 아무런 대책도 없이, 당분간이라는 약속도 없이 퇴직할 때까지 계속 청소를 해야 한다는 건 잘못된 일입니다."

근로자위원

최종진술의 기회가 왔을 때, 신청인 여성 노동자가 이렇게 말했다.

"제가 원하는 것은 제대로 된 근무환경에서 제대로 된 일을 하고 싶다는 것뿐이에요."

울먹이느라 마지막 말은 제대로 나오지도 못했다. 그날 그 여성 노동자가 한 최종진술은 그게 전부였다.

심판회의가 모두 끝나고 의장이 '의사봉 삼타'를 하려고 동작을 취하는 순간, 민주노총 간부 출신의 근로자위원이 급하게 발언권을 구했다.

"제가 하나만 더 얘기해도 될까요?"

발언권을 얻은 근로자위원이 말했다.

"신청인이 지금 대답하시면서 자꾸 울먹이시는데, 그렇게 울지 마세요. 당당하게 맞서세요. 만일 여기서 일이 잘못되더라도, 물론 노동위원회에서 그런 결정을 할 리는 없겠지만, 절대로 포기하지 마세요.

제가 볼 때 이 사건은 신청인이 회사를 상대로 정신적 피해에 대한 보상을 신청하는 소송을 법원에 제기할 수도 있고, 또 그렇게 되면 회사는 꼼짝없이 손해배상을 할 수밖에 없는 내용입니다.

이런 사건에 대한 법원의 판례가 이미 많이 나와 있어요. 이런 일을 아주 적은 비용만 받고 도와주는 변호사도 많아요. 용기를 내세요. 나쁜 사람들과 당당하게 맞서 싸우세요."

그 여성 노동자는 이를 악물고 울음을 참으며 작은 목소리로 '예'라고 대답했다.

어린이집 선생님

IMF(국제통화기금) 구제금융 사태 이후 시작된 구조조정 바람이 행정관청이라고 비켜갈 리 없었다. 행정관청이 직영하던 많은 어린이집의 경영권이 한꺼번에 여러 민간복지재단으로 넘어갔다.

한 종교계 복지재단은 어린이집의 경영권을 넘겨받으면서 그곳에서 일하던 정규직 교사들을 모두 1년 계약직으로 바꿔버렸다. 물론 위법이다. 그렇게 위탁경영이 이루어지고 1년이 지나 대부분 교사는 근로계약이 연장되었으나 6년 동안 일해 온 여교사 한 사람만 예외였다.

"계약 기간이 끝났으니, 출근할 필요 없습니다. 내일부터 나오지 마십시오."

그 교사는 청천벽력 같은 말을 듣고 나서 그것이 부당 해고라고 주장하며 계속 출근했다. 매일 아침 정문에서 실랑이가 벌어졌다. 들어가겠다, 못 들어온다, 나가라, 못 나가겠다, 옥신각신…. 그렇게 며칠이 지나자, 급기야 재단에서는 그 여교사를 경찰에 신고했다.

"우리 어린이집과 아무 관계 없는 사람이 며칠째 계속 찾아와서 방해해는 바람에 일을 할 수 없으니 잡아가시오."

그럴 때 만만하게 적용되는 혐의가 업무방해죄다. 우리나라 웬만한 시민운동 활동가나 노동조합 간부치고 업무방해죄 전과가 없는 사람은 거의 없다. 경찰은 그 선생님을 업무방해죄 혐의로 체포해 갔다.

그 여교사는 자신의 권리를 되찾기 위한 노력을 시작했고, 나는 그 복지재단 사무국 관계자와 여교사를 함께 만났다. 복지재단 사무국장이란 사람은 사건의 경위를 설명하면서 사뭇 자랑스럽게 말했다.

"그렇게 경영권을 인수할 때에는 본래 고용돼 있던 사람들을 모두 해고하는 것이 원칙이지만, 우리는 특별히 1년 계약직으로 받아 줬습니다."

사람이 무지하면 이렇게 용감해진다. 내가 '도대체 그게 어디에 나오는 원칙입니까?' 하고 따져 묻자 그 사무국장은 여전히 당당한 태도로 말했다.

"다른 어린이집에서는 모두 그렇게 하고 있어요. 경영권을 넘겨받은 다른 재단에서는 모두 다 그렇게 했어요. 직원을 모두 해고하고 자기들이 원하는 사람들을 새로 뽑았습니다. 그렇지만, 우리는 종교재단이기 때문에 특별히 1년 계약직으로 승계해준 겁니다."

크게 인심이라도 쓴 듯 '특별히 승계를 해주었다'라는 표현을 썼다. 나는 도저히 참을 수가 없었다.

"이보세요. 내가 노동법 붙들고 20년 넘게 먹고 살아온 사람이오. 경영권을 승계할 때에는 기존의 교용계약 관계를 그 조건 그대로 승계해야 한다는 것, 당사자인 노동자가 스스로 원하기 전에는 근로조건을 바늘 끝만큼도 바꿀 수 없다는 것, 근로조건을 그대로 승계하면 경영난으로 어린이집이 도산할 수밖에 없다는 사실을 입증할 수 있는 경우에만 고용승계 의무가 없다는 것, 그게 바로 우리나라 노동법의 원칙이고 법원의 판례요. 앞으로는 어디 가서 그렇게 무식한 소리 좀 하지 마시오."

"아, 그렇습니까."

사무국장은 겉으로는 알아들은 척했다. 마음속으로야 '네가 그렇게 잘났냐?' 하고 욕을 했겠지만….

다른 교사들은 모두 자동적으로 계약이 갱신됐는데 왜 그 교사만 해고되었을까? 이유는 아주 간단했다. 그 교사는 다른 교사들이 하지 않은 일을 했기 때문이었다. 그 일은 무엇일까? 원장에게 가서 복마전 같은 복지재단의 부정과 비리를 따졌던 것이다.

"왜 아이들 간식비에까지 손을 대는 거예요? 굳이 다른 것은 말하지 않겠어요. 하지만 이건 너무 치사한 일이잖아요. 그 돈은 아이들이 자기가 먹을 과자 사달라고 낸 돈이잖아요. 다른 돈과 다르잖아요. 어떻게 아이들에게 오백 원짜리 과자를 사주고 천 원짜리라고 속일 수 있죠? 아이들 과자값, 가방값, 모자값… 왜 이런 데에서까지 돈을 남기느냐구요! 아이들 몫에는 절대로 손대지 마세요. 이 재단이 어린이집을 인수하기 전에는 몇 년 동안 이런 일이 한 번도 없었어요. 분명히 말씀드립니다. 또다시 이런 일이 생기면 그때는 내가 절대로 가만히 있지 않겠어요. 또다시 우리 반 아이들 과자값 가지고 장난하면, 그때는 내가 반드시 해결하고 말 거예요."

이렇게 아무도 따지지 않는 일을 그 교사는 혼자서 원장에게 따졌던 것이다. 해고된 이유는 바로 그 때문이었다.

이 사건을 경영자인 재단의 입장에서 바라보자. 재단이 합법적으로 그 교사를 이길 수 있는 방법은 무엇일까? 그 교사를 해고한 재단의 행위는 법률적으로 아무런 흠결이 없으며 그 교사는 해고되는 것이 마땅하다는 법률적 판단을 받아낼 방법은 무엇일까?

그가 얼마나 교사로서 자질이 부족한 사람이었는지, 그의 인격이 얼마나 수준 미달인지, 아이들을 가르쳐서는 안 될 만큼 그가 얼마나 악질적인 인간이었는지를 증명하면 재단이 이길 수 있다. 그러면 그 해고가 법률적으로 '정당한 해고'가 되기 때문이다.

재단에서는 지난 6년 동안 근무한 그의 행적을 낱낱이 조사했고 그의 자질과 인격을 혹독하게 헐뜯는 내용으로 가득 찬 수십 쪽의 두툼한 자료를 만들어 냈다. 온갖 일이 그 자료에 다 쓰여 있었는데, 그중에는 이런 내용도 있었다.

"이 사람은 졸업식 날 자신이 맡았던 반 아이들의 졸업장 순서 하나 제대로 맞추지 못했습니다. 그래서 존경하는 이사장님이 오셔서 졸업장을 수여하다가 순서가 틀리는 바람에 많은 내빈 앞에서 이사장님이 망신을 당하게 만들었습니다. 아이들끼리 서로 졸업장 바꾸느라고 졸업식장 분위기가 엉망진창이 되고 말았습니다. 우리가 며칠씩이나 준비했고 지역사회 유지들이 다 와 있는 중요한 졸업식이었는데, 이 교사의 무능력 때문에 많은 사람의 노력이 물거품이 되고 말았습니다. 이 사람은 자기가 맡은 반 아이들 졸업장 순서 하나 제대로 맞출 능력이 없는 사람입니다. 이런 사람이 어떻게 교사를 합니까?"

내가 그 교사에게 '도대체 이게 어떻게 된 상황이냐?'고 묻자, 그가 다음과 같이 답했다.

"가정 형편이 너무 어려워서 수업료를 다 내지 못한 아이가 우리 반에 네 명이나 있었어요. 그런데… 졸업식 날 아침에 원장님이 담임인 제게도 알리지 않고 그 아이들 졸업장을 모두 빼버렸어요. 저는 전혀 몰랐죠. 저는 분명히 그 아이들 졸업장을 만들었거든요. 그리고 그날 아침에도 제가 분명히 챙겼거든요. 도저히 상상도 할 수 없는 일이었어요. 아이들은 모두 졸업장을 받으려고 졸업식장에 나와 앉아 있었어요. 아이들은 모두 제일 예쁜 옷으로 골라 입고 앞에 앉아 있는데…. 그 아이들 졸업장이 없을 거라고 제가 어떻게 상상할 수 있겠어요? 저는 아무것도 모른 채 그냥 순서대로 졸업장을 나눠줬어요. 그래서 순서가 틀렸던 거예요."

그 선생님은 얘기 중에 결국 목이 잠겼다. 목이 잠기는 정도가 아니라 나중에는 목을 놓아 대성통곡했다. 다른 몇 가지 사실도 대부분 그런 식이었다. 학부형이 찾아와 '왜 우리 아이를 야단쳤냐?'고 따진 사례까지 몇 년간의 일들이 모두 그 자료에 기록되어 있었다. 내가 그 일에 관해 묻자 그는 이렇게 답했다.

"아이들은 가끔 야단맞아야 할 때도 있어요. 그날 그 아이가 왜 야단맞았냐면… 사실 그 애가 어떤 아이였냐면….”

그는 잠시 머뭇거리다가 다시 말을 이었다.

“그런데 제가 지금 여기서 그 얘기를 다 해야 해요? 처음 보는 분들 앞에서 그 아이 험담을 해야 하는 거예요? 저는 하지 않겠어요. 제가 그 아이의 선생님이었으니까요….”

내가 ‘그래도 말씀하시는 것이 본인에게 유익합니다’라고 했는데도 그는 그 일에 대해서 더는 입을 열지 않았다.

마지막으로 다시 한 번 부탁하자 그는 이렇게 말했다.

“전 어릴 때부터 유치원에서 아이들을 가르치는 선생님이 되는 것이 꿈이었어요. 자라면서 그 꿈이 한 번도 바뀐 적이 없었어요. 전 정말 아이들을 사랑하고 좋아했어요. 저는 그렇게 어린이집 교사가 됐어요. 그런데 그날… 아이들이 다 보는 앞에서 제가 잡혀갔거든요. 제가 선생님인데…. 제가 가르치던 우리 반 아이들이 보는 앞에서 제가 경찰한테 잡혀갔거든요…. 아이들이 다 봤어요. 아이들은 그 모습을 평생 잊을 수 없을 거예요. 아이들은 그 상처를 평생 지우지 못하고 살 거예요. 저는 빨리 돌아가야 해요. 제가 가서 아이들에게 설명해 줘야 해요. 상처받은 우리 반 아이들 곁으로 빨리 돌아가야 해요. 제가 정말 사랑하는 아이들 곁으로 빨리 돌려보내 주세요.”

그는 울음이 절반이나 섞인 목소리로 간신히 거기까지 말

하고는 고개를 꺾은 채 가만히 앉아 있었다.

　복잡하게 생각할 것 없다. 이 어린이집 선생님 같은 사람들이 이런 일을 혼자 겪으면 너무 힘에 부치니까 서로 도우며 함께 하자고 모인 것, 그것이 바로 교사 노동조합이다. 노동자들이 옳은 일을 서로 도우며 함께 하자고 모인 것, 그것이 바로 노동조합이다. 그래서 노동자들이 노동조합을 만들 권리를 전 세계 거의 모든 나라에서 노동자의 신성한 단결권으로 보장하고 있는 것이다.

　노동조합은 결코 노동자에게만 유익한 집단이기주의적 조직이 아니다. 노동조합은 우리 사회의 잘못된 문제점을 고쳐 더 좋은 사회로 만들어 가는 올바른 수단을 제공한다. 노동조합은 지금까지 200년이 넘는 역사에서 그 역할을 수행해 왔고 앞으로도 계속할 것이다.

수컷

재벌기업들에서 운영하는 연수원 중에는 '인재개발원' 등 그럴듯한 이름이 붙은 연수원들이 꽤 있다. 가끔 사장단이나 임원진들이 연수를 받으러 오는 일도 있어서 시설이 최고급 호텔에 버금가는 곳도 있다. 대리석이 으리으리하게 깔린 현관에 도우미 복장의 여직원들이 지키고 있다가 방문객이 들어서면 친절히 안내한다. 얼굴 가득 미소를 품고 반갑게 인사하는 바람에 나는 개인적으로 친분이 있는 사람으로 착각했을 정도였다.

푹신한 카펫이 깔려 있고 편안한 가죽 소파가 마련된 강사 대기실에서 원목 테이블을 사이에 두고 간부 직원 한 사람과 마주 앉았다. 여직원이 마치 미인선발대회에 나온 사람처럼 단정하고 반듯한 걸음으로 다가와 '어떤 차를 드시겠어요?'라고 묻는다. 잠시 대답을 못하고 머뭇거리자 준비된 차 이름 몇 가지를 낭랑한 목소리로 일러준다. 나는 녹차를 마시겠다고 했고 잠시 후 여직원이 조심스러운 몸짓으로 테이블에 찻잔을 내려놓는데 내 앞에 마주 앉는 간부 직원이 정색을 하고 말한다.

"이런 잔에 차를 내오면 어떡하나?"

멀쩡하게 예쁜 머그잔에 잔 받침까지 있었다. 아마도 녹차를 전통찻잔에 내오지 않은 것을 질책하는 모양이었다. 돌아보지는 않았으나 여직원은 당황해하는 기색이 역력했다.

"잔이 아주 예쁘군요. 아주 좋은데요, 뭘."

내가 이렇게 두둔했지만 간부 직원은 마땅찮은 눈길로 여직원을 아래위로 훑어보며 다시 한 번 근엄하게 꾸짖었다.

"배운 대로 해야 할 거 아냐? 도대체 뭘 배웠나?"

이렇게 말하는 간부의 얼굴에는 조폭 두목의 거만함까지 스며 있어 앞에 앉은 나까지도 기분이 편치 않았다.

'당신이 지금 앞에 앉은 나까지도 무시하겠다, 이거지?'

마주앉은 나도 꾸지람을 듣는 기분이었다.

내 왼쪽 옆에 서 있는 여직원은 아무 대답도 못했다. 대답을 못하는 정도가 아니라 숨소리조차 들리지 않은 채 석고상처럼 서 있었다. 경직된 온몸의 근육과 어쩔 줄 몰라 하는 기색이 나한테까지 생생하게 전달된다. 나는 차마 그 여직원의 얼굴을 돌아

볼 수조차 없었다.

"가 봐!"

여직원은 발자국 소리도 없이 제자리로 돌아갔다. 휴…. 간부의 말투에는 '나는 말 한 마디로 부하를 얼마든지 노예처럼 다룰 수 있다'는 것을 보여주고 싶어 하는 수컷의 과시욕이 뚝뚝 묻어 떨어졌다. 나는 고작해야 강의 시간이 될 때까지 그 간부 직원의 얼굴을 똑바로 쳐다보지 않는 것으로 내가 그를 무시하고 있음을 보여주었을 뿐, 뭐라고 따끔한 말 한 마디 못했다. 다음에 또 이런 일을 겪게 된다면 그런 수컷들에게 뭐라고 말하는 게 약이 될까?

바보들의 행진

바보 1

본사가 있는 안산공장에는 여성 노동자가 많고, 지사인 춘천공장에는 남자 노동자들뿐이었다. 춘천 공장의 인원이 조금 더 많았으니 양쪽 공장을 모두 합치면 당연히 남자 노동자 수가 훨씬 더 많았다. 안산이 본부노조이고 춘천은 지부노조이니 형식상 춘천 지부는 안산 본조의 지시를 받았고 노동조합 대표자의 명칭도 안산은 '위원장'이고 춘천은 '지부장'이었다.

안산 본부노조의 위원장 선거에 춘천의 남자 조합원들은 한 번도 참여한 적이 없었다. 아무리 참여하라고 권해도 지부장 선거 따로 하고 위원장 선거 따로 해야 하는 게 번거로웠는지 '그냥 아무나 뽑아도 우리가 위원장으로 받들고 잘 따르겠다'고 했다. 벌써 몇 년째 그렇게 해왔다.

그런데 안산 본부노조 위원장 선거에 노조 설립 이래 처음으로 여성 조합원이 위원장 후보에 출마하면서 일이 벌어졌다. 내가 판단하기에는 여성 후보가 '좋은 나라'였고, '민주세력'인 그 여성 후보가 당선될 것이 거의 확실했다.

그런데 갑자기 춘천 지부노조의 남자 조합원들이 자기들에게도 안산 본부노조 위원장 선거권을 달라고 요구했다. 다른 이유는 없었다. 그들이 내세우는 이유는 딱 하나였다.

'여자가 위원장에 당선 되는 꼴은 못 본다. 우리더러 여자의 지시를 받으라는 거냐?'

이 따위 단세포적인 논리만으로도 남자 조합원 사이에 바람을 일으키기에 충분했다. 그러면서 '여성 위원장 후보가 사퇴하면 선거권 요구를 철회할 수도 있다'고 했다. '여자만 아니면 된다'는 식이다.

바보 2

홈쇼핑 유선 방송국의 여성 텔레마케터들이 어렵사리 노동조합을 만들었다. 노조 설립에는 철저하게 여성 노동자들만 참여했다. 남자들은 나 몰라라 했다.

노동조합이 만들어지고 나서 남자 직원들에게도 노조가입을 권유했지만 남자들은 노동조합 이야기만 나오면 '앗 뜨거워' 하고 도망갔다. 그러던 중에 회사가 갑자기 순환근무제를 시행한다고 발표했다. 앞으로는 직원들을 수시로 이 부서, 저 부서로, 이 지방, 저 지방으로 발령을 내겠다는 것이다.

그때서야 남자 직원 사이에서 '노동조합에 가입해야 하는 것 아니냐'는 말이 조심스럽게 오갔다. 그동안 거들떠보지도 않던 노동조합에 찾아와서 가입 여부를 조심스럽게 타진하고 돌아가는 남자 직원들이 생기기 시작했다. 회사가 그런 분위기를 모를 리 없었다. 남자들까지 노동조합에 가입하면 정말 큰일이라도 나는 줄 알았는지, 회사는 갑자기 남자 직원들의 절반가량을 승진시켰다. 남자들은 단맛을 보았고 노동조합 가입 얘기는 언제 그랬냐 싶게 사라져 버렸다.

그로부터 1년쯤 지난 어느 날, 남자 직원들이 갑자기 노동조합 사무실에 찾아와서는 '노동조합에 가입하겠다'고 했다. 노동조합 위원장이 이유가 뭐냐고 물었지만 별다른 대답도 없이 무조건 가입만 시켜 달라고 떼를 쓴다는 것이다. 노동조합 위원장이 내게 전화해서 이것저것 물어보았다.

"어떻게 하면 좋겠어요?"

나는 농담 반, 진담 반으로 대답했다.

"노동조합, 그냥 남자들에게 줘버리지 그래요?"

"저도·아예 그랬으면 좋겠어요. 숫자도 저희보다 훨씬 많으니까요. 그런데 그렇게는 안 하겠대요. 노동조합 일을 하기는 싫대요."

"갑자기 가입하겠다는 이유가 뭘까요?"

"모르겠어요. 회사가 이 사람들에게 뭔가 또 안 좋은 짓을 한 모양인데, 무슨 일인지 말을 안 해요."

"이유를 솔직히 말할 때까지는 가입시키지 마세요. 그런다고 '조합원지위인정 확인청구 민사소송'까지 할 위인들은 못될 테니까."

"예, 알았어요. 그리고 뭐 하나 물어봐도 돼요?"

"뭔데요?"

"남자들 도대체 왜 이 모양이에요?"

"……"

바보 3

여자 노동자 수 500명, 남자 노동자 수 100명쯤 되는 전자회사가 있다. 섬유회사와 전자회사는 대부분 여성 노동자가 남성보다 훨씬 많다. 노동조합은 전통적으로 여성 노동자들이 꾸려왔다. 남자 노동자들은 대부분 나이 많은 기혼자들이라 노동조합 활동에 소극적일 수밖에 없었다. 훼방이나 놓지 않으면 그나마 다행이다.

작년 임금인상 투쟁 때에도 남자 조합원 몇 명이 나서서 '교섭을 회사에 위임하자'고 주장했다. '번잡스럽게 임금인상 투쟁이다 뭐다 할 것 없이 회사가 결정하는 대로 따르자'는 것이다. 회사와 가깝게 지내면서 작은 특혜에 길들여진 그런 못난 노동자들이 어디에나 몇 명은 있게 마련이다.

노동조합은 당연히 그럴 수 없다고 판단하고 임금인상 투쟁을 시작했으나 처절하게 패배했다. 물론 그 과정에서 남자 노동자들은 손 놓고 구경만 했을 뿐이다. 그 회사의 노동조합 탄압은 여러 차례 언론에 보도될 정도로 극악했다. 노동조합은 결국 하는 수 없이 임금교섭을 회사에 위임하기로 결정할 수밖에 없었다. 그러자 회사는 남성 노동자들의 임금을 '많이' 올려주고 여성 노동자들은 '조금' 올려주었다. 남자 노동자들은 손쉽게 '단

맛'을 본 것이다.

올해 임금교섭이 시작되자 남자 노동자들 몇 명이 나서더니 또다시 '교섭을 회사에 위임하자'고 주장했다. 그렇게 하면 회사는 올해에도 남자들은 '많이' 올려주고 여자들은 '조금' 올려줄 게 뻔했기 때문이다. 자신의 그런 행동이 전체 노동자가 사람답게 사는 세상을 만드는 일에 방해가 된다는 생각은 눈곱만큼도 하지 않는, 그런 인간들이 있다.

노동조합은 올해도 작년의 치욕스러운 패배를 되풀이할 수는 없다고 판단했다. 열렬히 투쟁에 임하기로 했다. 회사 내에는 서서히 '여자들이 건방지게 남자들 말을 듣지 않는다'는 분위기가 감돌았다. 작년에 교섭을 회사에 위임하자고 주장했던 남자 몇 사람이 나서서 분위기를 몰아갔다.

그러던 어느 날, 대부분 여성인 노조 간부들이 노동조합 사무실에 모여 중요한 회의를 하고 있는데 남자 조합원들이 들이닥쳤다. 그로부터 약 한 시간 동안 노동조합 사무실은 전쟁터를 방불케 했다. 집기가 부서지고, 컴퓨터는 내동댕이쳐지고, 디스켓과 장부는 창문 밖으로 던져졌다. 그 정도로는 성에 안 찼는지 남자 조합원들은 여성 노조 간부들을 사무실에 가둔 채 밖에서 출입문을 용접으로 때워버렸다. 나이 어린 여성 노동자들은 아수라장이 된 사무실에 갇힌 채, 밖에서 출입문을 용접으로 때우는 소리를 듣고 있었다. 그 사람들의 심정이 어땠을지 한번 상상해 보자. 공포영화가 따로 없다. 남자 조합원 가운데 한 명이 그날의 '거사'를 마치고 나가면서 하는 소리를 여성 조합원들은 똑똑히 들었다.

"저것들이 감히 남자를 무시해? 저런 것들은 본때를 보여줘 야 해. 10년 묵은 체증이 다 내려가는구만…."

3층에 있는 노조 사무실에 갇혀 있던 여성 조합원들은 밖으로 나올 방법이 없었다. 전화도 끊겨 연락할 수도 없었다. 밖에서 누가 119에 연락해서 소방서 구조대가 도착했지만, 회사 관리자들을 만나 보더니 '경찰에서 구조 결정을 하면 그때 하겠다'고 발뺌했다. 그래서 경찰에 연락을 했더니 경찰은 '회사에서 구조 결정을 하면 그때 하겠다'고 했다. 예나 지금이나 우리나라 경찰은 회사 말은 참 잘 듣는다.

갇혀 있던 여성 노동자들은 늦은 밤에야 밖에서 다른 동지들이 창문에 걸쳐 준 사다리를 타고 밖으로 나올 수 있었다. 혹시, '뭐 그깟 일을 가지고 그러냐?'고 생각하는 사람이 있다면, 깜깜한 밤에 3층에서 흔들리는 사다리를 타고 한번 내려와 보시라. 평생 잊지 못할 만큼 오금이 저릴 것이다.

다음날 여성 노동자들은 전기 그라인더를 구해서 용접으로 봉해 버린 노동조합 사무실 출입문을 절단했다. 문이 떨어져 나

가자 전쟁터보다 더 처참한 노조 사무실 몰골이 드러났다. 그 모습을 본 조합원들은 피가 거꾸로 솟을 만큼 분개했다.

남자들은 다시 노조 사무실 출입문을 용접으로 봉해버렸다. 이번에는 '여자 조합원들이 처참한 노조 사무실을 보면 쓸데없이 흥분하게 된다'는 것이 이유였다.

여성 노동자들은 또다시 그라인더로 출입문을 절단했다. 또다시 남자들이 출입문을 용접으로 봉했고, 여성 노동자들은 또 그라인더로 출입문을 땄다. 그런 일이 몇 차례 되풀이되자 남자들은 아예 노조 사무실이 있는 복지관의 출입문을 봉쇄해 버렸다. 그러고는 체격이 건장한 남자들이 그 건물을 둘러싸고 아무도 들어가지 못하게 온종일 지켰다. 물론, 회사는 남자들이 그런 '거사'를 치르느라 업무를 전폐해도 전혀 문제 삼지 않았다. 노동조합은 하는 수 없이 회사 구내식당 귀퉁이에 임시 사무실을 차렸다.

노동조합이 식당에서 업무를 보기 시작한 지 며칠 후에 우리는 부당노동행위 구제신청과 업무방해에 대한 고소를 준비하고 있었다. 나이 어린 여성 노동자가 어느 날 우리 사무실로 전화했다.

"이거, 안 하는 게 좋겠어요."

"왜?"

"지금 노조 활동에 전혀 지장이 없어요. 식당에 사무실을 차리니까 조합원들 만나기도 더 쉽더라구요. 그리고 시간이 가면 갈수록 남자들만 더 나쁜 사람이 돼가는 거 있죠? 딜레마에 빠진 건 우리가 아니라 남자들예요. 우리는 여기서 더 빼앗길 것도 없거든요. 남자들은 이제 우리를 죽이는 것 말고는 할 수 있는 게 없어요. 식당에서 한 10년쯤 버티기로 했어요."

큰일이라도 벌어진 듯이 호들갑을 떨었던 내가 오히려 부끄러웠다.

완사입

패션회사에서 해고된 디자이너를 만났다. 그의 호소는 이랬다.

"내가 무능한 디자이너라는 건 말이 안 되는 소리에요. 우리 회사가 1년 동안 모두 344개의 모델을 만들었어요. 그중에 '완사입' 빼고 제가 234개의 모델을 개발한 거예요. 5년차, 7년차 디자이너 두 명 데리고 그걸 해냈다는 건, 제가 생각해도 기적 같은 일이었어요. 이 바닥에서 일하는 사람들한테 한번 물어보세요. 거의 매일 밤 새다시피 일하지 않았으면 불가능하다는 거, 알 만한 사람은 다 알아요. 그렇게 매일 밤새우며 일했는데, 제가 기계도 아니고 어떻게 매일 아침 정해진 시간에 출근해요. 그건 불가능한 거예요. 패션회사 디자이너들은 그렇게 일하지 않아요. 그런

데 저를… 출근 시간을 잘 지키지 않았다고… 불성실 근무라고
해고했어요. 이건 말이 안 되는 거예요. 세상에 누가 이런 일을 당
하고 가만히 있겠어요? 저는 디자인만 20년 넘게 했어요. 다 쓰러
져 가는 회사를… 정말 제가 와서 살린 거나 다름없는데, 출장 일
주일 다녀왔더니 책상 없애버리고, 사무실에서 제 개인 사물 다
치워 버리고… 사람을 이렇게 대접할 수는 없어요. 저도 회사 좋
게 그만둘 수 있어요. 사장님이랑 따뜻한 밥 한 끼 같이 먹으면서
얘기했으면 얼마든지 좋게 그만둘 수도 있어요. 사람을 이렇게
대접할 수는 없는 거예요."

그 자리에서 '완사입'이라는 말을 알아들은 사람은 나밖에
없었다.

나의 이상형

나는 지금까지 국내 유수의 제과회사 여성 노동자들을 자주 만났다. 그런데 그중 한 사람이 해고되는 바람에 최근 들어 만나는 횟수가 부쩍 늘었다. 하루는 모임이 지지부진해 '밥이나 먹자'며 함께 사무실을 나와 저녁을 먹고 나서 차를 마시러 갔다. 서초동 우리 사무실 근처 커피전문점에 들어서는데 일행 중 한 사람이 가슴에 두 손을 모으고 말한다.

"어머, 여기는 내 분위기야."

구석자리에 앉았는데 내 머리 뒤쪽에 붙어 있는 커다란 영화 포스터를 보며 또 한 사람이 말한다.

"나, 저 영화에 나오는 배우 좋아해요."

내가 포스터의 영화배우 이름을 어렵사리 읽으며 물었다.

"진 레노? 이 사람 좋아한단 말이지?"

"그렇게 읽으면 안 돼요. 무식하기는…. 프랑스 배우거든요. '장 르노'라고 읽는 거예요. 그런데 그 사람 말고, 그 영화에서 조연으로 나온 다른 배우 말하는 거예요."

그러더니 그 배우가 출연했던 다른 여러 영화와 거기서 그가 맡았던 배역에 대해 설명해 준다. 나는 거의 모르는 내용이다. 그뿐만 아니라 나보다 책도 훨씬 더 많이들 읽고 있었다.

"오늘 아침에는 화장실에 앉아 신경림 시인의 「길」을 다시 읽었는데, 두 눈에서 갑자기 눈물이 주르륵 흐르는 거예요."

책이면 책, 연극이면 연극, 영화면 영화, 음악이면 음악…. 그 문화 교양 수준이 나를 심히 부끄럽게 만들었다. 차를 다 마시고 나더니 모두 핸드백에서 콤팩트를 꺼내 화장을 고치기 시작한다. 내가 말했다.

"내 앞에 앉아서 이렇게 화장하는 사람은 내 평생 여러분이 처음인 거 알아요?"

"그럼, 화장실에 가서 하면 되지요, 뭐. 얘들아, 가서 분위기 바꾸고 오자."

모두 화장실에 가서는 입술을 빨갛게 칠하고 돌아왔다. 한 사람이 곱게 웃으며 말한다.

"어때요? 분위기 바뀌었지요?"

한참 잡담을 나누다가 내가 물어보았다.

"요즘 한 달에 월급 얼마나 받아요?"

한 사람이 머리를 갸우뚱하고 잠시 생각하더니 답한다.

"음…. 한 40만 원 정도 받아요(1990년대 중반, 최저임금이 월 30만 원 정도였을 때다. 2009년 12월 31일까지 적용된 최저임금은 주 40시간·월 209시간 기준으로 836,000원, 주 44시간·월 226시간 기준으로 904,000원이었다)."

그 말을 듣고 옆에 앉았던 이가 대뜸 말했다.

"언니가 어떻게 40만 원씩이나 받냐?"

"나는 40만 원 돼. 입사한 지 5년 됐거든."

나는 잠시 할 말을 잃었다. 입사한 지 5년이나 됐는데 한 달에 40만 원을 받는다니, 그것도 국내 유수 재벌의 제과회사에서.

믿어지지 않았으나 사실이었다. 그런 절대적 저임금이 아직도 우리 곁에 널렸다.

나는 아이스크림을 시켰는데, 앞자리에 앉은 여성 노동자에게 물었다.

"아이스크림 먹고 싶지요?"

"내가 아이스크림 만드는 사람 아닙니까? 냄새도 맡기 싫어요. 나는 아이스크림 라인이 제일 지겹더라."

그 말을 듣고 옆에 있던 이가 말한다.

"너 뼈과자 라인에 가서 열두 시간씩 맞교대로 한번 돌아봐. 아주 죽어. 거긴 지옥이야."

15년 전 내가 동일방직, 반도패션의 여성 노동자들을 만나기 시작하던 시절에 듣던 이야기와 하나도 다르지 않았다.

그중에 나이가 제일 많은 여성이 있는데 세속적인 기준에서 보면 미인이라고 할 수는 없지만, 머리가 비상하게 돌아가고 지도력도 있어서 이를테면 그 팀의 리더였다. 화장실에 가서 입술을 빨갛게 칠하고 돌아왔을 때 한 사람이 그를 가리키며 내게 말했다.

"아저씨, 저 언니가 화장실에서 그랬는데요. 아저씨가 자기 이상형이래요."

그가 발끈해서 말한다.

"내가 언제 그랬냐?"

"언니가 아까 화장실에서 분명히 그랬잖아. 저 아저씨 참 괜찮다고. 언니 이상형이라고. 분명히 그랬잖아."

그 말을 들으며 나는 '평생 이렇게 살다 죽어야지' 하고 생각했다.

그중에 유달리 책을 많이 읽는 사람이 있다. 깨알 같은 글씨가 박힌 노동법 책을 들고 다니다가 짬이 나면 마치 주간지라도 읽듯 아무렇지도 않게 편한 표정으로 읽곤 한다. 그의 친구들이 집에 놀러 왔을 때 그의 어머니가 이렇게 말했다.

"쟤가 우리 집 아이 중에서 공부를 제일 잘했다오."

어려운 살림이었지만 다른 형제는 모두 대학에 진학했는데, 공부를 제일 잘했던 그 딸만 대학에 가지 않았다는 것이다. 왜 그랬을까? 그의 동료가 내게 귀띔해 주었다.

"저 애가 전교조 세례를 받은 세대거든요."

전교조 선생님들! 책임지셔야 합니다.

인생에 도움이 되는 잠

250여 명 노동자가 강당에 모였다. 한쪽 편에 여성 노동자가 스무 명 남짓 앉아 있었다. 주방에서 근무하는 조합원이 있는지 한 아주머니가 무를 몇 개 가져오더니 강의시간 내내 깎아서 사람들에게 돌렸다. 하얗고 작은 동그라미들이 계속 돌아다니는 게 보였다. 얼마쯤 시간이 지나 하얀 동그라미들이 하나둘 없어지더니 그때부터 소곤소곤 잡담이 이어졌다.

"아이구, 무가 이제 다 떨어졌나 보지요?"

사람들이 모두 웃었다.

지방에 있는 한 타이어 회사에 강연하러 갔다. 200명쯤 되는 노동자가 모였는데 그날도 역시 여성 노동자가 한쪽에 서른 명 남짓 앉아 있었다. 대부분 주부사원이었다.

'아, 오늘은 저쪽이 취약지구다.'

아무래도 여성들이 모여 앉아 있는 쪽에서 '지방방송'이 심한 편이니까….

강의가 시작된 지 30분쯤 지났을까. 갑자기 꽈당! 하는 소리가 들렸다.

'대체 무슨 일이지?'

사람들이 주위를 둘러보니 한 여성이 어찌나 곤하게 잠이 들었던지 그만 바닥으로 나동그라지고 만 것이다. 사람들이 모두 웃었고 나도 그냥 넘기기 뭐해서 한마디 보탰다.

"제가 이런 활동을 시작한 지 올해로 만 19년이 되었습니다. 그동안 제가 강의할 때 가끔 졸거나 주무시는 분이 계시긴 했지만, 저렇게 아주 곤하게 잠들어서 완전히 바닥으로 떨어진 사람은 처음 봤습니다."

사람들이 또다시 와! 하고 웃음을 터뜨렸다. 그때 대열 맨 뒤에 앉아 있던 노동조합 간부 한 사람이 큰소리로 외쳤다.

"정련부 소속입니다!"

자다가 떨어진 사람의 소속 부서를 굳이 밝힌 것이다. 사람들은 또 한 번 크게 웃었는데 그 노조 간부는 강당이 떠나가라고 목청껏 소리쳤다.

"우리 회사에서 가장 힘든 곳입니다!"

노조 간부의 마음이 화살처럼 내 가슴에 와 박혔다.

'사람들이 얼마나 힘들게 일하며 사는지 당신이 알아? 잘 알지도 못하는 당신 같은 사람이 노동자가 교육 중에 곤하게 잠 들었다고 해서 그렇게 함부로 놀리면 안 되지.'

그 노조 간부가 만일 여성문제에도 관심 있는 사람이었다면 이어서 이렇게 말했을지도 모른다.

'대부분 여성 노동자, 특히 주부사원들은 남자들보다 몇 배나 힘든 인생을 살고 있다는 걸 아시오? 회사에서 남자들과 똑같이 힘든 일 다 하고, 퇴근해 집에 가면 가사노동은 온전히 그들 몫으로 남아 있어요. 남편은 차려 주는 저녁 먹고 신문이나 TV를 보는 동안 그 주부사원은 온갖 집안일은 물론이고 아이들에게 숙제했냐? 씻었냐? 옷 갈아입었냐? 물으며 일일이 챙겨야 하니, 그 인생이 얼마나 고달프겠소? 당신이 그걸 알 리가 있소?'

나는 허겁지겁 강의를 끝내고 나서 그 노조 간부를 찾아가 굳이 부탁했다.

"정련부에 한번 가봅시다. 나를 그곳에 데려다 주시겠소?"

노조 간부는 선선히 내 부탁을 들어주었고, 나는 그의 뒤를 따라 현장에 들어서다가 깜짝 놀랐다. 세상에! 아직도 이렇게 일하는 사람들이 있다니! 고무 냄새가 얼마나 지독한지 나는 그곳에서 몇 분도 견디기 어려웠다. 금세 눈이 따갑고 코가 맵고 머리가 어지러웠다. 미세한 고무 먼지 때문에 공기는 안개 낀 것처럼 뽀얗고, 온갖 시설물이 모두 고무로 두껍게 코팅돼 있었다. 공장 바닥은 물론이고 기계를 올리고 내리는 나선형 철 계단 바닥이나 난간이 모두 고무로 덮여 있어 사람들이 안전화를 신고 오르내려도 쇳소리가 나지 않았다. 일부러 그렇게 해놓은 게 아니었다. 공기 중에 떠다니는 고무 먼지가 오랜 세월 내려앉아 쌓여서 그렇게 된 것이다. 조명조차 침침하게 어두운 곳에서 사람들은 마치 무성영화에 나오는 배우들처럼 묵묵히 일하고 있었다. 옆 사람에게 말 한마디 건네는 것조차도 힘들어 보였다.

'아, 아직도 이런 환경에서 일하시는 분들이 계신데 내가 그걸 몰랐구나.'

그곳을 나서면서 가슴이 떨렸다. 그토록 힘겹게 일하는 노동자들이 모인 곳에서 강사랍시고 온 인간이 씨알머리 없는 얘기만 늘어놓으니, 차라리 그 시간에 달게 잠이라도 자는 게 그분들 인생에 실제로 도움이 되겠다 싶었다.

그날 이후 나는 교육할 때 졸거나 자는 사람이 있어도 절대로 원망하지 않는다. 오히려 나를 반성한다. 강의를 듣다가 조는 것은 절대로 그 사람 탓이 아니다. 무능한 강사 탓이다. 사람들이 졸음을 참으며 들을 만한 이야기를 강사가 하지 못한다는 뜻이다.

그러니 '노동자들과 씨름한 지 20년이 넘었으니 이제 노동 현장 실태나 노동자 정서를 웬만큼 알고 있다'고 건방 떨지 말아야 한다.

이 인간아, 너는 아직도 멀었다.

파란색, 빨간색

조합원들이 처음 머리띠를 매고 나왔을 때, 빨간 쪽으로 매고 나온 사람은 10%가 채 안 됐다. 빨간색과 파란색 양면으로 돼 있는 머리띠를, 조합원들은 대부분 파란색이 보이게 매고 나왔다. 노동조합 위원장조차 '처음부터 빨간색으로 매기는 좀 뭐하더라구요…' 하며 말꼬리를 흐렸다. 평균 나이 마흔 살을 훌쩍 넘긴 아줌마 노동자들은 난생처음 해보는 파업을 그렇게 시작했다.

바로 길 건너 ㅌ노동조합이 파업을 시작했고, 아줌마 노동자들은 그 파업을 지원하러 갔다. ㅌ회사 정문 앞에서 집회가 열리고 있었지만, 그 회사 비조합원들은 단정하게 사복으로 갈아입고 삼삼오오 정문을 빠져나오고 있었다.

"우리가 당신네 회사 문제 때문에 이렇게 와서 싸워 주고 있는데, 어떻게 당신들은 나 몰라라 하고 빠져나갈 수가 있어?"

누군가가 볼멘소리를 하자 누군가 그보다 더 큰소리로 앙칼지게 말했다.

"저게 바로 10여 년 전 우리 모습이에요. 10여 년 전에 박영진 열사가 우리 회사에서 분신했을 때 몇몇 동지가 그 투쟁에 동참하자고 우리에게 호소했죠. 하지만 우리는 모두 도망가다시피 빠져나갔잖아요. 그 사람들이 모두 구속되고 해고되고 나서 우리는 지금까지 박영진이란 사람이 우리 회사 출신이란 것도 까맣게 잊고 지냈잖아요. 우리는 잊고 있었지만, 이번 파업을 지원하러 외부에서 오는 사람마다 모두 박영진 열사 이야기를 하잖아요. 그때 우리가 그 젊은 사람들을 도와서 좀 제대로 했더라면 지금 회사가 이 모양 이 꼴이 되지는 않았을 거예요. 그때 우리가 그 투쟁에 동참하지 못하고 저 사람들처럼 도망치듯 빠져나간 잘못에 대한 대가를 지금 이 파업 투쟁으로 치르는 거예요."

주위에 있던 사람들은 모두 고개를 끄덕였고, 누군가가 속삭이듯 옆 사람에게 말했다.

"우리가 위원장 하나는 잘 뽑았다니까."

열 손가락 안에 꼽힐 만큼 적은 수의 남자 조합원을 제외하고 400명이 넘는 여성 조합원 중에 '아가씨'는 단 한 명도 없었다. 모두 30대 중반을 훌쩍 넘긴 기혼자들이었다. 왜일까? 한마디

로 회사가 완전히 '개판'이었기 때문이다. '이 회사가 내 회사다'
라고 정 붙이고 일할 젊은 사람이 없기 때문이다.

"요즘 한 달에 얼마나 받습니까?"

내 물음에 한 아줌마 동지가 답한다.

"내가 여기 10년째 다니는데요, 요즘 한 달에 45만 원쯤 받
아요(1999년이었고, 그 무렵 월 최저임금은 36만 원가량이었다)."

아줌마 노동자들이 쏟아지는 소나기를 흠뻑 맞으면서도 굳
게 잠긴 회사 정문 앞에서 온종일 버틸 수 있었던 것은 바로 그
때문이었다. 삼복더위 뙤약볕 아래 몇 시간씩이나 서 있을 수 있
었던 것도 바로 그 때문이었다. 밥과 물조차 주지 않는 회사에서
온종일 굶으면서 버틸 수 있었던 것도 바로 그 때문이었다.

당하고 당하다가, 참고 참다가, 이제 더는 참을 수 없었던 것
이다. 한 달에 45만 원이라는 그 알량한 임금조차 1년이 넘도록
제대로 주지 않으니 누구라도 '여기서 더 참으면 바보'라는 생각
이 들 수밖에 없었을 것이다.

파업을 시작한 지 보름쯤 지나자 조합원들의 머리띠는 대
부분 빨간색으로 바뀌어져 있었다. 누구도, 단 한 번도 '빨간색으
로 바꾸어 매자!'고 선동한 적은 없었다.

월드컵 때 붉은 악마의 물결이 온통 세상을 빨갛게 뒤덮은

모습을 보면서 나는 불과 몇 년 전의 일을 떠올리며 감개무량했다. 당시 공공기관에서 운영하는 병원이 파업했을 때 상이용사들이 몰려와 노동조합에서 써 붙인 대자보들을 갈기갈기 찢어버리면서 '우리는 빨간색 글씨만 봐도 피가 거꾸로 솟는 사람들이야!'라고 소리쳤다.

그 사람들은 월드컵 때 붉은 악마의 물결을 보면서 어떤 느낌이 들었을까? 피가 거꾸로 솟았을까?

할머니 환경미화원

지역 노동단체 실무자가 갑자기 몸져눕는 바람에 사전 정보도 거의 없는 상태로 무작정 ㄱ대학 정문 앞 농성 천막으로 찾아갔다. 교문 앞 길거리에 세운 텐트에서 혼자 신문을 보며 나를 기다리던 나이 많은 남자가 자신을 위원장이라고 소개하더니 서둘러 앞장선다. 나는 따라가면서 급히 몇 가지 물어보았다.

"연봉 기준으로 얼마쯤 받으세요?"

"많이 받는 사람은 900만 원도 넘어요."

연봉 900만 원이라면 한 달 80만 원쯤 되는 액수인데, 그걸 '많이 받는다'고 한다.

"나이 든 사람도 많고, 많이 못 배운 사람들이니까 어렵지 않게, 쉽게 쉽게 설명해 주세요. 환갑 지난 할머니도 있거든요."

교문에서 강의실까지 걸어가는 사이에 위원장님은 두 달 동안 천막농성을 할 수밖에 없었던 이유를 설명하면서 '어렵지 않게, 쉽게 쉽게 얘기해 달라'고 몇 번이나 강조했다. 그동안 찾아 와서 강의했던 사람들 얘기가 너무 생경하고 어려웠던 모양이다.

할머니가 몇 분 계시나 보다 짐작하고 강의실에서 들어서 다가 나는 멈칫 서버렸다. 강의실을 반쯤 차지하고 앉아 있는 사 람은 대부분 할머니였다. 고생하며 살아오신 탓에 실제 나이보다 더 들어 보이기도 했겠지만, 환갑 정도 되신 분이 절반은 되는 것 같았다. 할머니들 주변에 역시 나이 많은 남자 대여섯이 띄엄띄 엄 앉아 있었다.

나를 데리고 온 위원장님(이분 역시 할아버지다)은 나만 강 의실에 달랑 집어넣고는 '저, 화장실이 급해서…'라고 하더니 나 가 버렸다. 추운 천막에서 나를 꽤 오랫동안 기다리셨나 보다. 할 아버지 한 분이 '아니, 이 사람이 강사를 소개하든지 그래야지…' 하면서 위원장을 따라 나가려 했다. 나는 얼른 그분을 막아섰다.

"특별히 소개할 것도 없어요. 그냥 제가 다 알아서 하겠습 니다."

그러나 솔직히 말해서 조금 막막했다.

'휴, 이 일을 어쩐다?'

내가 지금까지 만난 노동조합원 가운데 평균 연령이 가장 높은 곳이었다. 높아도 보통 높은 게 아니었다. 다른 곳에서 5분 정도 설명하면 되는 내용도 10분 이상 걸렸다. 보통은 강의할 때 판서를 거의 하지 않는 편인데 이날만큼은 칠판에 이것저것 많이 쓰고 그림도 많이 그렸다. 금박 무늬 화려한 중국풍 누비옷과 두터운 스웨터를 입은 할머니들이 앉아서 고개를 연신 끄덕이신다. '맞아, 맞아' '그려, 그려' 하시면서 정말 열심히 들으셨다.

조금 있다가 아주머니 한 분이 위원장과 귀엣말을 나누시더니 밖으로 나갔다가 뚜껑이 덮인 스테인리스스틸 밥 주발을 두 손으로 받쳐 들고 돌아오셨다. 내 앞 책상 위에 올려놓으시기에 열어보니 그 안에 냉수가 담겨 있었다.

"안 그래도 '여기는 강사한테 냉수 한 컵을 안 주네!' 싶어서 섭섭해하던 참이었는데, 이제야 주시는군요. 밥 주발에 담긴 물 마셔 보기는 이 생활 24년 만에 또 처음이네."

할머니들은 또 내 너스레가 재미있다고 한참이나 배를 잡고 웃으신다.

"그러니까 우리가 특별대우한 거여, 특별대우라니깐…"

내 바로 앞에 앉아 계신 할머니가 이렇게 맞장구를 놓는데, 정작 물을 떠다준 아주머니는 부끄러워서 어쩔 줄 몰라 하신다.

"그냥 맹물밖에 없어서…"

나는 미안해하는 아주머니에게 말했다.

"잘하셨어요. 말 많이 하는 강사한테는 맹물이 최곱니다. 이번 기회에 알아두세요. 주스나 다른 음료수를 마시면 말할 때 자꾸 입에 침이 고이거든요. 다른 강사한테도 앞으로는 맹물만 주시기 바랍니다."

할머니들은 아주 중요한 사실을 새삼 알았다는 듯 모두 고개를 끄덕였다.

한 대형 병원 노동조합을 완전히 초토화했던 그 대학교의 총장이란 사람이 이곳에 와서 또 이렇게 천인공노할 짓을 하고 있었다. 그 횡포 때문에 할머니들은 두 달 동안이나 천막농성을 하며 투사가 될 수밖에 없었다. 종이를 꺼내 강의 내용을 깨알 같은 글씨로 열심히 적는 할머니들과 눈이 마주칠 때마다 자꾸 목이 잠겼다.

몇 년 동안 학교에서 환경미화원 일을 하면서 용역업체가 바뀔 때마다 고용이 승계됐던 사람들을 '노동 유연화'라는 이름으로 하루아침에 길거리로 내쫓은 사람은 사회적으로 명사 대접을 받으며 잘사는데, 집에서 손자들 재롱이나 보면서 노후를 즐겨야 할 할머니들은 추운 겨울에 도로 옆 허름한 천막에서 오가는 사람들의 손가락질을 받으며 농성하는 '투사'가 되어 늘그막에 새삼 노동운동을 공부해야 하는 이 썩을 놈의 세상에서 우리가 해야 할 일은 정말 많고 내가 가진 힘은 너무 적다는 생각으로 온종일 마음이 무거웠다.

2년 후 그 대학교의 노동조합에 갔을 때, 본관 현관을 들어서는데 나를 알아보시는 할머니 두 분이 계셨다.

"맞어. 2년 전에 와서 우리한테 '유니온샵', '오픈샵' 가르쳐준 바로 그 선상이구먼."

"복직되셨군요. 다시 일하게 되셨군요."

나도 반갑게 인사했다. 할머니 한 분이 '우리는 다시 일하게 됐지만, 그때 경비하던 남자들은 다 짤렸어'라고 말하시며 거친 손으로 내 손을 마주 잡는데 목젖이 울컥했다.

백혈병 노동자에 대한 세 가지 관점

백혈병에 걸려 치료받느라고 몇 개월 동안이나 회사에 출근하지 못하다가 결국 해고당한 노동자의 부인을 만났다. 그분은 이렇게 말했다.

"제 남편은 정말 일밖에 모르는 사람이에요. 항암 치료를 받으면서도 퇴원만 하면 회사에 나갔어요. 밤을 새기도 했어요. 언젠가는 일요일이었는데도 집에 안 들어오는 거예요. 아이들과 함께 회사에 찾아가서 봤더니 프로젝트가 하나 끝났다고 무슨 자료를 잔뜩 복사해서 책자 만드는 일을 혼자 하고 있었어요. 저하고 아이들까지 함께 밤을 새워가면서 복사한 자료들을 순서대로 추려서 스프링으로 묶어 제본하는 일을 거들었어요.

남편은 병원에 입원해 있으면서도 노트북 컴퓨터로 계속

일했어요. 의사 선생님들조차 그이를 보고 '당신이 우리보다 더 바쁜 사람이구만' 그랬어요. 그이는 일을 사랑하는 사람이에요. 일을 해야 병이 낫는 사람이에요. 제발 해고하지만 말아 달라는 게 우리 요구예요. 돈을 달라는 것도 아니에요. 막대한 치료비가 들어가지만, 의료보험 혜택도 포기하겠어요. 회사가 내주는 의료보험료가 아까울 테니까요…. 그냥 회사 직원 신분만 유지하게 해달라는 거예요. '내가 병이 다 나으면 다시 복귀해서 일할 직장이 있다'는 생각만이라도 갖게 해달라는 거예요. 그이는 최근에 깨끗한 골수를 이식해서 완치 확률이 아주 높아졌거든요. 요즘 새로 나온 백혈병 특효약 있잖아요. 아직 그 약을 쓸 필요도 없을 만큼 양호한 상태예요. 조금만 더 노력하면 완치될 수 있어요.

그이는 요즘도 쉬지 않고 책을 읽고 원고를 쓰고 그래요. '원고료는 한 푼도 안 받을 테니 잡지에 회사 이름만 나오게 해달라'는 조건으로 쓰는 원고예요. 그만큼 일과 회사를 사랑하는 사람이에요. '내가 건강해지면 다시 출근해서 일할 수 있는 회사가 기다리고 있다'는 생각을 가질 수 있어야 병이 낫는 사람이에요. 회사에 뭘 더 특별하게 요구하는 게 아니에요. 그냥 그 회사 직원이라는 생각만 갖도록 해달라는 거예요. 그이가 병원에 있는 동안 대표이사는 한 번도 찾아오지 않았어요."

그 자리에 같이 있던 그 회사 대표이사는 똑같은 사건에 대해 이렇게 말했다.

"그 사람이 직원 신분을 계속 유지하면 퇴직금 부담이 커집니다. 그 사람이 의료보험 혜택 하나 포기한다고 문제가 해결되는 것도 아닙니다. 그 밖에도 국민연금, 고용보험, 산재보험을 우리가 다 해결해 줘야 합니다. 회사에 출근도 하지 않는 사람 때문에 복지후생 비용이 증가하는데 이것은 어떤 기업체에서도 경영원칙에 어긋나는 것입니다. 생각해 보십시오. 몇 개월 동안이나 출근도 못하는 사람을 계속 직원으로 데리고 있는 회사가 세상에 어디 있습니까? 회사에 장기간 출근하지 않는 사람과 고용계약 관계를 계속 유지하는 것은 회사 직원들도 정서적으로 받아들이기 곤란합니다. 그런 사람을 계속 직원으로 데리고 있으면 성실하게 열심히 근무하는 다른 사람들의 사기가 떨어집니다."

그 자리에 같이 있던 다른 회사의 고위 관리자는 그 대표이사를 거들며 이렇게 말했다.

"직업병이나 산재라면 당연히 회사가 찾아가 봤겠지만, 백혈병은 개인 질병이어서 회사가 병문안을 가야 할 법적, 도덕적 의무가 있는 것도 아닙니다."

그 자리에 같이 있던 서울의 한 명문대학 법학 교수는 이렇

게 말했다.

"사람들이 일하다가 병에 걸리면 회사를 빨리 정리하고 쉬면서 치료에 전념해야 하는데, 일에 대한 미련을 버리지 못하고 연연해하는 풍토, 그게 참 큰 문제입니다. 회사에 대한 생각을 빨리 포기하고 치료에 전념해야 그 사람에게도 도움이 될 텐데, 이 딱한 직장인들이 그걸 몰라요."

하지만 내 생각은 이렇다.

"같이 일하던 직원이 백혈병에 걸려서 몇 개월이나 치료받고 있는데, 특별히 임금을 지급해야 하는 것도 아니니, 다 나으면 다시 나와서 일할 수 있도록 직원 신분을 유지하도록 해주자는 게 오히려 같이 일하는 직원들의 정서 아닐까요? 그게 우리의 상식 아닌가요?"

똑같은 사건을 바라보는 사람들의 관점이 이렇게 다르다. 누구의 관점이 옳을까? 초등학교 도덕 교과서 수준의 잣대로도 쉽게 알 수 있는 일인데 왜 사람들은 애써 모른 체하는 것일까?

새내기 노동자들의 잘못인가

"우리 회사 사내 커플은 웬만한 중소기업 사장보다 나아요."

노동조합 간부가 이렇게 말할 정도로 다른 회사보다 노동조건이 월등히 좋기로 소문난 회사였다. 그 지역에서 노동조건 수준이 두 번째쯤 된다는 바로 옆 회사 노동조합 위원장도 '우리 회사와 비교하면 거기는 거의 천국이지요'라고 말했을 정도다.

그곳에 다니는 노동자들은 옷차림새부터 달랐다. 한 달에 1천만 원 버는 사람과 1억 원을 버는 사람의 옷차림은 거의 차이가 없다. 그러나 한 달에 50만 원 버는 사람과 200만 원 버는 사람은 옷차림에서 차이가 날 수밖에 없다.

그 회사는 노동조건만 좋은 게 아니다. 그 노동조합은 일상 활동과 임투·단체교섭 투쟁도 매년 가열하게 모범적으로 잘해서 조합원들의 의식 수준이 모두 웬만한 노동조합의 간부급이었다. 벌써 몇 년째 한 달에 꼬박 두 시간씩 하는 전체 조합원 교육을 통해 조합원들의 의식 수준은 거의 강사의 실력을 평가할 수 있을 정도에 이르렀다. 우리나라에서 노동교육을 욕먹지 않을 만큼은 한다는 강사들이 일 년에 몇 번씩 그 노동조합에 다녀오게 마련이니 그럴 수밖에 없다. 나도 가끔 그곳에 가는데 내 강의를 듣는 노동자들의 표정에서 이런 생각을 읽을 때가 있다.

'지난 달에 왔던 강○돌 교수보다 이론은 수준이 좀 떨어지지만, 얘기는 재미있게 잘하는구만⋯.'

그곳에서 교육할 때는 노동조합이 중요하다느니, 투철한 노동자의식을 가져야 한다느니 강조할 필요가 없었다. 모두 너무나도 잘 알고 있었기 때문이다. 그런 내용이라면 이곳 조합원들은 다른 노동조합에 가서 강의를 해도 될 정도였다.

그 노동조합에서 같은 내용의 교육을 오전과 오후 두 차례 진행하기로 했다. 그런데 첫 번째 강의를 하면서 보니 강의 분위기가 예전과 영 딴판이 아닌가. 도무지 집중도 안 되고, 산만하고, 소곤소곤 잡담 소리는 계속 들리고⋯. 교육 분위기가 하도 산만하니까 노조 위원장이 도중에 몇 차례 일어나 뒤를 돌아보며 주위를 환기했다. 위원장이 일어나 눈을 부라리고 휘돌아보면 잠시 조용한 듯하다가 금세 다시 소란해졌다.

'왜 이럴까. 이 노동조합이 전에는 이렇지 않았는데…'

물론 그렇게 되는 첫째 원인은 대개 무능한 강사 탓이다. 교육을 끝내고 평가할 때 어떤 강사는 강의 듣는 사람들을 나무라기도 한다. '오늘 교육 대상은 의식 수준이 너무 낮아서 분위기도 산만하고, 집중도 안 되고, 절반 정도는 졸면서 앉아 있더라'며 화를 내는 강사도 있다. 그러나 그것은 무능한 강사가 누워서 자기 얼굴에 침 뱉는 꼴이다. 그 사람들이 귀 기울여 들을 만한 강의를 하지 못했다는 이야기다.

겨우겨우 힘들게 오전 강의를 마치고 나자 위원장이 내게 달려와 말했다.

"소장님에게 귀띔한다는 걸 까맣게 잊고 있었습니다. 얼마 전 회사에서 신입사원들을 채용했어요. 고등학교를 갓 졸업한 여성들만 뽑았거든요. 그런데 저희가 아직 소양교육을 못했어요. 세상에 태어나서 노동조합에 관한 이야기를 오늘 처음 듣는 사람이 몇십 명 섞여 있을 거라는 걸, 제가 소장님께 귀띔해야겠다고 생각해 놓고 그만 깜빡 잊었습니다.

그런데 가만 보니까, 이 신입사원들은 인생에 고민이 없는 사람들이에요. IMF 구제금융 경제위기라고 다른 사람들은 있던 직장에서도 쫓겨나는 판인데 자기들은 고등학교 졸업하자마자 곧바로 취업했지요. 그것도 모두 다니고 싶어하는 회사에 들어왔어요. 지금 이 사람들은 인생에 고민이 없다니까요."

그 말을 들으니 과연 그럴 만도 했다. 그러니까, 그 신입 여
성 노동자들은 얼마 전까지 고등학교 교실에 모여서 수다 떨던
그 모습 그대로 교육장에 몸만 옮겨 와 앉아 있는 셈이었다. '오
늘 근무 시간에 일 안 하고 무슨 교육을 한대. 우리 거기 가서 놀
자. 그래도 임금은 다 나온대…' 그런 생각으로 삼삼오오 짝을 지
어 소곤소곤 얘기하는 사람이 몇십 명이나 섞여 있으니 분위기
가 그럴 만도 했다. 위원장이 참 미안하다는 표정으로 말했다.

"제가 나중에 따로 모아 놓고 따끔하게 한번 말하겠습니다."

"위원장이 말한다고 그 사람들이 듣나요?"

내가 그렇게 말하자 위원장은 금세 얼굴이 굳어졌다.

"나는 그 사람들에게 말할 자격이 있어요. 회사가 처음에 이
사람들을 임시직·계약직으로 채용할 계획을 세웠거든요. 그걸
우리가 정규직으로 바꾸느라고 얼마나 싸웠는지 아세요? 나중에
는 본사가 있는 서울 여의도에 올라가서 사옥 현관 앞 아스팔트
도로에 텐트를 치고 한 달 이상 버텼어요. 그렇게 해서 회사가 이
사람들을 정규직으로 채용하게 된 겁니다. 우리는 정말 이 사람
들에게 할 말 있습니다. '당신들을 정규직으로 채용하게 하려고
우리가 얼마나 고생했는지 압니까?' 나는 그 사람들에게 말할 자
격이 충분히 있다니까요."

위원장은 거의 목이 잠길 정도로 진지하게 말했다. 그러나 정작 이 여성 노동자들은 임시직이 무엇인지, 계약직이 무엇인지, 정규직이 무엇인지조차도 모르고 있을 터였다.

나머지 절반의 조합원을 대상으로 하는 오후 강의에서 나는 강의 내용을 조금 바꿨다. 소개와 인사말이 끝나자마자 이렇게 첫마디를 꺼냈다.

"여러분, 이 정도 회사에 다니는 게 대단한 일이라고 생각하십니까? IMF 구제금융 경제위기라고 다른 사람들은 다니던 직장에서도 쫓겨나는데, 여러분은 고등학교를 졸업하자마자 취업이 됐고, 그것도 이 지역 사람들이 모두 다니고 싶어하는 회사에 들어왔으니 행복하십니까?"

노동자들은 '저 사람이 지금 무슨 말을 하려고 저러나?' 싶은지 나를 조용히 쳐다보고 있었다. 그날 내가 했던 강의의 앞부분은 다음과 같다.

"서울지하철 노조가 파업했을 때 동조파업을 벌인 노동조합 가운데 과학기술노조가 있습니다. 전국에 흩어져 있는 연구소 노동자들이 가입한 노동조합입니다. 연구소는 수십 개지만, 노동조합은 하나로 뭉친 조직입니다. 대부분 조합원이 석사·박사학위 소지자입니다. 생각해 보세요. 석사·박사학위를 가진 사람들이 '노동자'라는 이름으로 노동조합의 깃발 아래 파업을 해야 하는 그런 세상입니다. 여러분이 그분들보다 더 특권층이라고 생각하세요? 만일 그렇다면 노동조합에서 오늘 탈퇴해도 좋습니다. 방송국 노동자들이 파업한 것도 모두 아실 거예요. 그들은 두 달 동안 파업을 준비했습니다. 국회 개원 일자에 맞춰서 파업 시작 날짜를 미리 못박아 놓고, 노동조합 간부들이 전국에 흩어져 있는 지역 방송국들을 돌아다니면서 조합원들과 함께 1박 2일씩 수련회를 했습니다. '여러분, 두 달 후에 우리는 파업에 들어갑니다. 그때 꼭 올라와서 함께 싸웁시다.' 수련회를 거듭할수록 파업 날짜는 점점 다가왔습니다. '여러분, 우리는 한 달 후에 파업에 들어갑니다. 그때 꼭 함께 올라와서 싸웁시다.' '이제 파업 시작 일주일 남았습니다.' '자, 이제 내일 새벽부터 파업입니다…'

그때 마지막으로 교육한 조합원들이 바로 방송국 교향악단 단원들이었습니다. 머리가 벗겨지거나 하얗게 세도록 평생 예술가로 살아온 사람들, 우리나라 최고 수준의 연주인들, 90% 이상이 해외유학을 다녀온 사람들, 그 사람들에게 호소했습니다.

'여러분, 예술가라는 긍지로 평생을 살아오셨겠지만, 여러분도 분명히 노동자입니다. 내일부터 시작되는 파업에 그동안 여러분이 혼신의 힘을 다해 준비한 정기 연주회를 둘러엎고 올라와 함께 참석해 주십시오.'

그렇게 시작한 파업 현장에 저도 갔습니다. 민주광장에서 스티로폼을 깔고 앉은 수천 명의 아나운서, PD, 기자, 방송 기술자, 교향악단원 앞에서 강연했습니다. 여러분. 방송에서 일하는 전문가들도 노동조합 깃발 아래 파업해야 하는 세상입니다. 여러분이 그분들보다 더 높은 특권층이고, 그분들보다 노동조합과 더 관계 없는 사람들이라고 생각하세요? 만일 그렇다면 노동조합에서 오늘 탈퇴하셔도 좋습니다."

사람들은 첫 강의 때보다 내 얘기를 조금은 더 귀담아듣는 것 같았다. 물론, 내 강의에는 문제가 있었다. 나중에 평가회를 하면서 '노동조합의 중요성을 꼭 그렇게 설명할 수밖에 없었느냐?' '사람들의 열등감을 이용하는 방법밖에 없었느냐?'라고 혹독하게 비판받았다. 그러나 오죽 답답하고 급했으면 그렇게 말했겠는가. 늦었지만 그분들에게 이해와 용서를 구한다.

'노동조합'이라는 중요한 단어가 자기 인생과 전혀 관계없다고 생각하며 자란 청소년들…. 자기 인생에서 가장 많은 시간을 보내야 하는 회사에서 인간답게 일하며 살아가는 데 가장 큰 영향을 미치는 것이 노동조합이라는 사실을 까맣게 모르는 신세대 노동자들…. 따지고 보면 그것은 그들의 잘못이 아니다. 이 땅의 교육과 언론을 좌지우지하는 자본과 권력의 잘못이다.

KBS 노동조합의 58년 개띠

파업을 한 달쯤 앞두고 산정호수에서 열렸던 KBS노동조합원의 대의원 수련회 때부터 방송사 파업은 이미 기정사실이 되어 있었다. 강의나 토론 내용이 모두 '이번 파업을 어떻게 하면 승리로 이끌 수 있을까?' 하는 것에 맞추어졌고, 그 이후 한 달 동안 전국의 KBS 방송사별로 노조 대의원들의 수련회가 이어졌다.

　세 번째로 열린 직군별 수련회에서 나는 「또다시 앞으로」라는 노래의 가사를 인용하면서 다음과 같이 말했다.

　"노동가 「또다시 앞으로」의 가사에 보면 '역사에 발맞추어 하나 둘 셋'이라는 대목이 나옵니다. 노동자들의 투쟁이 어째서 역사에 발맞추는 것일까요? 노동자들이 한 푼 더 받겠다고 하는 임금인상 투쟁이 어째서 역사에 발맞추는 일일까요? 노동자들이 하루 더 쉬겠다고 하는 투쟁이 어째서 역사에 발맞추는 일일까요? 민주방송 쟁취를 위한 노동자들의 파업이 어째서 역사에 발맞추는 일일까요? 그것부터 생각해 봅시다."

이를테면 서울지하철 노조의 파업이 어째서 사회 전체를 건강하게 만들고 역사를 옳게 발전시키는 일인지 생각해 보자는 화두를, 나는 그렇게 설명하는 것으로 시작했다.

저녁식사 시간에 술이 한잔씩 돌았는데 KBS 노조의 '58년 개띠' 여성 간부가 갑자기 나를 불러세웠다. 처음 만났을 때부터 화장기라고는 전혀 없는 얼굴과 단발머리가 '보통내기가 아니다'라는 인상을 풍기던 여성 동지였다.

"아까 강의하실 때 들으니까 「또다시 앞으로」라는 노동가의 가사를 인용하시던데, 그 노래를 여기서 한번 불러 보시기 바랍니다. 당연히 그 노래를 부를 줄도 아시겠지요?"

나는 농담으로 어물쩍 위기를 넘기려고 했다.

"사실, 나는 가사밖에 모르거든…."

여성 동지는 더욱 기세가 등등해졌다.

"그 노래를 부를 줄도 모르면서 강의할 때 그렇게 말했다면 당신은 노동조합에 와서 강의할 자격이 없는 사람이야. 자, 빨리 앞으로 나와서 불러 보라니까요. 여러분, 그렇지 않습니까?"

나는 꼼짝없이 노래를 부르는 수밖에 없었다.

며칠 후 아랫녘에 있는 어느 지방 KBS 노조 지부의 수련회에 참석해서 강의하면서 같은 대목에 이르렀을 때 나는 며칠 전 그 58년 개띠 여성 동지가 갑자기 나를 불러 일으켜 세우는 바람에 꼼짝없이 노래를 부를 수밖에 없었던 일을 이야기했다. 그리고 앞으로는 겁이 나서 노래 가사 인용도 함부로 못하겠다고 너스레를 떨었다.

　　강의 도중에 휴식 시간에 그 58년 개띠 여성 노동자가 나에게 다가오더니 말했다.

　　"내가 정말 하 소장님한테 '당신'이라고 그랬어요? 나는 그런 표현 잘 안 쓰는데….."

　　옆에 있던 부산 출신의 부위원장이 특유의 매력적인 저음으로 말을 받았다.

　　"니가 그랬다. 분명히 '당신'이라고 그랬다. 나도 들었다."

　　"이상하다. 내가 가끔 수틀리면 남자 조합원들을 이단 옆차기로 날려 버리기는 해도 아무나 '당신'이라고 함부로 부르지는 않는데….."

　　나중에 들으니 그 여성 간부가 내지른 이단 옆차기에 나가떨어진 남자 조합원들이 여럿 된다고 했다.

　　6월 30일에도 어느 지방 KBS 노조의 수련회가 있었다. 그

다음날인 7월 1일부터는 남녀차별금지법이 시행된다는 날이었다. 남자들이 여성 동지들에게 농담을 할 때마다 '이런 농담도 오늘이 마지막이야. 내일부터 말 한번 잘못했다가는 형사처벌을 받을 수도 있다구'라고 푸념했다. 내가 그 말을 듣고 말했다.

"그 법은 남성들에게만 적용되는 게 아니라 여성들에게도 똑 같이 적용됩니다."

부위원장이 웃으면서 또다시 특유의 매력적인 저음으로 말을 이었다.

"아이쿠, 그렇게 되면 우리 최 실장은 아파트를 팔아도 그 벌금을 다 못 낼 거야. 큰일 났구만, 큰일 났어."

바로 그 58년 개띠 여성 동지를 두고 한 말이다.

드디어 방송사 노동조합이 파업을 시작했고, 나는 KBS의 민주광장에서 강연하는 영광을 누렸다. 노조 사무실에서 잠시 기다리고 있는데 그 58년 개띠 여성 동지가 방금 세수를 마친 듯 젖은 머리로 허겁지겁 들어서다가 나를 보고 인사한다.

"하 소장님 오셨군요. 사흘 동안 잠 한숨 못 잤어요. 오늘은 아침부터 종합청사 앞에 집회 나갔다가 이제 겨우 샤워하고 오는 길이에요."

"사흘 동안 못 잤다는 사람이 그래도 얼굴은 쌩쌩하네."

내 말에 그 여성 동지가 내 팔뚝을 자기 양손으로 잡아 쥐며 답했다.

"그럼요. 파업 한번 제대로 해보는 것이 우리 조합원들 평생 소원이었잖아요."

내 바로 앞 시간에는 가수 장사익 씨가 와서 공연했다. 장사익 씨는 예의 그 어눌한 말씨로 공연 전에 몇 마디 했다.

"저는요. 방송국에 계신 분들이 파업을 한다고 해서요. 여기 도착할 때까지만 해도 여러분이 월급 한 푼 더 올려달라고 파업하는 줄 알았구먼요. 근데 여기 와서 보니까 그게 아니네요. 방송법 쟁취라는 훌륭한 목적을 갖고 파업을 하고 계셨구먼요."

노래 중간 중간에도 몇 마디씩 말을 곁들이는데 사람을 감동시키는 그 진솔한 말솜씨가 보통이 아니다.

"저 사람이 언제부터 저렇게 말을 잘했어?"

내 말에 옆에 있던 교육국장이 말했다.

"역시 경험이 보약이라니까…."

장사익 씨의 공연이 끝나고 잠시 쉬는 시간에 그 58년 개띠 여성 동지가 올라와서 마이크를 잡았다. 주머니에서 하얀 봉투를 꺼내어 조합원들에게 흔들어 보이면서 외친다.

"동지 여러분! 장사익 선생님께서 저희가 드린 사례비를 이렇게 굳이 돌려주고 가셨습니다. 고생하는 사람들한테 어떻게 돈을 받느냐면서 한사코 받지 않으셨습니다. 교통비밖에 안 된다고 했는데도 저녁에 막걸리라도 한 잔씩 하시라면서 굳이 돌려주고 가셨습니다. 부산에서 공연이 있어서 내려가 계시다가 급히 올라오셨고, 바로 또 내려가시면서도 차비 한 푼 받지 않으셨습니다. 동지 여러분! 장사익 선생님의 훌륭한 뜻에 보답하기 위해서라도, 힘차게 싸워 반드시 승리합시다!"

카랑카랑한 음성으로 이어진 그 선전선동 바로 다음이 내 강연 순서였으니, 내가 만일 강연을 끝내고 강사료는 고사하고 교통비 한 푼이라도 받아 챙겼다가는 완전히 역적 소리를 들을 판이었다. 나는 옆에 있던 교육국장에게 말했다.

"하여튼, 돈 안 주는 방법도 가지가지야. 나도 안 받어. 안 받는다구."

1999년의 개혁적 방송법 쟁취 투쟁은 그렇게 시작되었다.

크리스마스 카드에 관한 기억, 그리고…

크리스마스카드는 보내지도 말고 받지도 말자는 게 평소의 내 주장인데, 그것은 어쩌면 카드를 보내는 일조차 제대로 챙기지 못하는 게으름의 비겁한 합리화일지도 모른다. 오래전에 받았던 크리스마스카드에 관한 기억 한 토막.

1991년 시위 도중 경찰의 백골단의 쇠파이프에 맞아 사망한 명지대학교 학생 강경대의 치사 규탄 집회에 참석했다가 나는 시청 뒷골목에서 직격 최루탄을 맞고 화상을 입은 여성 노동자 한 분을 알게 되었다. 그이는 정부를 상대로 손해배상을 청구하려는데 그 일을 도와줄 수 없겠느냐고 했다. 당연히 도와야지. 그게 내 일인데.

그이를 알고 지낸 지 수개월이 되도록 나는 한 번도 웃는 모습을 보지 못했다. 함께 식사를 한 적도 있었지만, 농담 한 마디라도 건넬 짬을 도무지 내주지 않아서 억지로 웃겨 보지도 못했다. '곁을 내주지 않는다'는 게 바로 이런 것이로구나….

생각대로 올곧게 살아가지 못하는 지식인이 치열하게 사는 노동자를 만날 때 당연히 느끼는 열등감 때문이었겠지만 '아하, 이 노동자는 나를 무시하는구나'라고 결론짓는 수밖에 없었다. 그러면서도 일이 있어 띄엄띄엄 만났다.

그해 연말 성탄절 무렵, 그이로부터 크리스마스카드를 한 장 받았다. 우편엽서 뒷면에 정성스럽게 그림을 그려서 그걸 다시 봉투에 넣어 보낸 것이었다.

"감사한다는 말을 늘 하고 싶었습니다. 그러나 고맙다는 말보다는 노동자로서, 이 땅 민중의 자식으로서 더 열심히 사는 것이 진실로 고마움을 갚는 길이라고 생각합니다. (중략) 이 엽서는 오늘 하루 꼬박 걸려 제가 만든 겁니다."

아, 그랬었구나. 나를 무시하거나 싫어한 것은 아니었구나. 화상으로 흉하게 얼룩진 가슴을 안고 평생 동안 살아야 할 사람에게 헤픈 웃음을 기대했다니…. 나는 참으로 부끄러웠다.

그 카드를 받은 날 오후, 마침 그이에게서 전화가 왔다.

"카드 잘 받았습니다. 하루 종일 걸려서 만들었다는 거요. 참 고맙습니다."

"아, 그거요? 전부 만드는 데 하루가 걸렸다는 뜻이에요."

"그래? 난 또 내 카드 하나 만드는 데 그렇게 시간이 걸렸다 는 줄 알고… 괜히 좋아했잖아."

내 말을 듣고 그이가 까르르 웃었는데, 그이를 알게 된 이래 처음 듣는 웃음소리였다.

수개월 후 나는 그이로부터 썩 좋은 '우리 옷'을 한 벌 선물 받았다. 그이는 해고된 봉제 노동자들이 모인 단체 '옷을 만드는 사람들'(줄여서 '옷만사'라고 불렀다)의 대표로 있었는데, 어느 날 회의를 하다가 '하 선생님이 한복 입고 앉아서 노동 상담하면 어 울릴 거로 생각하는 사람 손들어 보세요' 했더니 모두 손을 들더 란다. 그래서 여러 사람의 정성을 모아 마련했다고 한다. 아무리 추운 날이라도 그 옷을 입고 앉아 있으면, 마음까지 따뜻해지는 걸 느낄 수 있었다.

지금처럼 개량된 우리 옷이 유행하던 시절이 아니어서 그 옷을 입고 나가면 사람들이 모두 한 번씩 쳐다보곤 했다. 아는 사 람들은 모두 보기 좋다고 한마디씩 했다. 어떤 짓궂은 여자 후배는 '오줌은 어디로 누느냐?'고 궁금해하면서 내 옷을 샅샅이 뒤지는 시늉을 하기도 했는데, 그 옷은 썩 편리하게 만들어져 앞에 작은 지퍼가 달려 있었다. 전혀 불편하지 않았다.

못 다한 이야기

그이의 소송을 진행하는 과정에 '증인' 문제가 벽에 부딪혔다. 최루탄이 직격으로 날아와 그의 가슴에 맞고 터졌다는 당시의 상황을 증언해줄 사람이 필요했다. 당연히 상대방은 '원고의 주장만 있지 입증이 없다'고 버텼다.

그런데 그이가 다행히 다음과 같은 기억을 떠올렸다.

사람들이 시청 뒷골목에서 지나가는 차를 세워 그이를 태우고 황급히 세브란스병원 응급실로 떠날 무렵, 어떤 여성이 귀에 대고 속삭였다는 것이다.

"내가 모두 봤어요. 혹시 나중에라도 내 도움이 필요하면 나사청으로 연락하세요. 나·사·청 세 글자를 꼭 기억하세요."

나사청은 '나라사랑청년회'의 줄임말이다. 우리는 그곳에 연락했다. 그리고 2년쯤 전 모월 모일 모시에 시청 뒷골목에서 이러저러한 일을 목격한 사람을 찾노라고 했다. 나사청에서 드디어 그 회원을 찾았다는 연락이 왔다.

　　그래서 어느 날 그이가 그 회원을 데리고 증인신문을 준비하러 우리 사무실로 왔다. 그분은 긴 생머리에 보름달처럼 얼굴이 환한 유치원 선생님이었다. 증인의 도움으로 우리는 정부를 상대로 한 소송에서 이길 수 있었고, 그이는 그렇게 받은 대부분 배상금을 자신이 속한 단체에 기부했다.

눈물의 생리휴가

천신만고 끝에 설립한 노동조합이 첫 사업으로 '생리휴가 쟁취'를 결의했다. 근로기준법에 생리휴가 조항이 규정된 지 20년이 넘도록 우리나라 여성 노동자들이 생리휴가란 것이 있는 줄도 모르고 살던 70년대 중반의 일이다.

여성 조합원들이 여러 차례 생리휴가를 신청했지만, 회사는 막무가내로 받아들이지 않았다. 생리휴가를 신청하고 회사에 나오지 않은 사람을 모두 무단결근으로 처리해 버렸다. 일급제 노동자의 하루가 무단결근으로 처리되면 손해가 얼마나 큰지 알 만한 사람은 다 안다.

대책회의에서 노조 위원장이 말했다.

"이렇게는 안 되겠어요. 근거를 남겨야지 서면으로 청구합시다. 내가 먼저 해보겠어요."

노조 위원장이 생리휴가신청서를 서류로 작성해서 직접 인사과에 제출했다. 나중에 인사과에서 연락이 왔다.

"산부인과 의사의 진단서를 첨부하시오."

이를테면, 정말로 생리 중인지 아닌지 어떻게 믿을 수 있느냐는 것이다.

'이런 무식한 놈들.'

노조 위원장은 화가 머리 꼭대기까지 치밀어 올라 순간적으로 눈앞이 하얘지더란다. 사람의 분노가 극에 달하면 그런 경우가 있다고 한다. 그래서 영어에 '백색 분노'라는 표현이 있는지도 모르겠다. 거의 인사불성이 되어 인사과 사무실로 달려간 노조 위원장은 문을 밀치고 들어서자마자 소리쳤다.

"야, 이 무식한 새끼들아! 진단서가 뭐가 필요해! 내가 여기서 벗으면 될 거 아냐."

노조 위원장이 실제로 옷을 반쯤 벗었을 때, 직원 몇 사람이 급히 달려와 말렸다. 생리휴가는 그날부터 시행되었다. 우리나라 여성 노동자들은 그런 일을 겪고 나서야 생리휴가라는 지극히 당연한 권리를 찾을 수 있었다. 일찍이 근로기준법에 제정된 생리휴가를 우리나라 여성 노동자들이 제대로 '찾아 먹기' 시작한 것은 그렇게 오래된 일이 아니다.

말이 나온 김에 뒷얘기도 마저 하자. 그날부터 생리휴가가 시행되었고, 휴가를 사용하지 못한 노동자에게는 생리휴가 수당이 지급되었다. 그런데 월급날 급여봉투를 받아보니 남자 노동자들에게도 모두 생리휴가 수당이 지급되었다. 소모임에 참석한 여성 노동자들이 남자들을 놀렸다.

"요즘은 남자도 생리하냐? 너희는 어떻게 하냐?"

요즘 같으면 여성 노동자들이 성희롱 죄에 걸렸을 법한 일이다. 회사는 아무것도 모른 채 두 달 동안 남자들에게도 생리휴가 수당을 지급했다. 지금은 웃으며 얘기할 수 있지만, 근로기준법 조항 하나하나에 그렇게 선배 노동자들의 투쟁이 눈물겹게 서려 있다.

말이 나왔으니, 진짜 뒷얘기까지 마저 하자. 파업 중인 골프장 경기보조원 노동조합에 교육하러 간 적이 있었다. 경기보조원들에게 우리나라 여성 노동자들이 생리휴가를 어떻게 쟁취했는지 들려주었다. 교육을 마치고 돌아오는 차 안에서 함께 갔던 상급 단체의 여성 간부가 나에게 따졌다.

"하 선배, 왜 얘기를 끝까지 하지 않는 거예요? 얘기를 시작했으면 끝까지 해야지, 왜 하다가 마는 거예요?"

차마 내 입으로 그 얘기를 어찌 끝까지 할 수 있겠는가. 이번

130

기회에 후배의 말을 빌려 비로소 끝까지 해본다.

"그날 피가 낭자한 생리대가 사람들 앞에 어떻게 내동댕이 쳐졌는지, 왜 끝까지 말해 주지 않는 거예요?"

근로기준법의 생리휴가 조항 하나를 위해서도 우리 선배들은 이렇게 싸웠다. 다시 한 번 강조하거니와 근로기준법의 모든 조항이 저절로 얻어진 것이 아니다. 그런데 정부와 기업은 주5일 근무제 도입을 핑계로 근로기준법의 기준을 후퇴시키자고 주장한다.

근로기준법이란 무엇인가. 그 법이 도대체 무엇이기에 우리의 위대한 선배 전태일은 자신의 목숨을 그 법과 맞바꾸었을까. 나는 그것을 설명할 자격이 없다.

70년대에 많은 사람의 가슴을 울린 『작은 돌멩이의 외침』이라는 책이 있었다. 그 수기를 쓴 편물 노동자 유동우 선배가 전두환 정권이 막 들어섰던 그 살벌한 '비합법 시대'에 '전국민주노동자연맹'이라는 비공개 조직의 중앙위원으로 활동하다가 검거되어 재판을 받으면서 했던 최후진술을 여기에 옮기는 것으로 그 설명을 대신한다.

"사람들은 나를 보고 노동운동을 했다고 하는데 내가 지금까지 15년 동안 해온 일은 '근로기준법대로 하자'는 주장 이상이 아니었습니다. 근로기준법은 노동자가 인간의 모습을 유지하기 위해서 지켜져야 할 최저의 기준입니다. 따라서 근로기준법이 지켜지지 않는다는 것은 우리 사회의 노동자가 이미 인간이 아니라는 뜻입니다. 그런 의미에서 내가 그동안 했던 활동은 단지 인간선언일 뿐이었습니다. 우리의 노동운동은 지금 인간선언의 절박한 요구로부터 출발하고 있는 것입니다."

화장실에서 밥을 먹었습니다

한 대학교에서 청소용역 노동자로 일하고 있는 아주머니가 쓴 글 중에 나오는 내용이다.

"그 당시 우리는 점심으로 싸 가지고 온 찬밥을 여자 화장실 맨 구석 좁은 한 칸에서 둘이 무릎을 세우고 먹었습니다. 학생들이 바로 옆 칸에 와서 소리를 내며 용변을 보면 우리는 숨을 죽이고 김치 쪽을 소리 안 나게 씹었습니다."

이런 글은 한번 읽으면 머리에서 떠나지 않고 계속 맴돌아 며칠 동안 평상심을 유지하기 어렵다. 노동조합이 없는 대학은 대부분 아직도 사정이 비슷하다. 건물을 설계하면서부터 환경용역 노동자들의 휴게시설을 미리 마련한 대학은 없다. 노조가 만들어지고 나서야 환경미화 노동자들의 휴게실이 하나씩 만들어지기 시작한다. 노동조합이 하는 일은 그런 것이다. 대형 할인마트에서 관리직 사원이 식품 담당 비정규직 여성 노동자의 얼굴에 삼겹살을 집어던지며 야단치는 행패도 노동조합이 생기면서부터 사라지기 시작했다.

어느 대학에 갔을 때 건물 바깥쪽으로 돌출한 계단 아래를 막아서 만든 작은 삼각형 모양의 작은 휴게 공간에 들러본 적이 있다. 청소용역 아주머니들은 그 공간이 생기자 '마치 천국에 들어온 것 같다'고 하셨다. 작은 냉장고도 들여놓고 집에서 담근 김치를 가져와 넣어 두었다가 점심 때 같이 먹을 수 있어서 너무 행복하다고 하셨다. '금남의 방'이라 남자들은 절대로 못 들어가는 곳이라는데 특별히 허락을 받고 들어가 식사를 하며 나도 그 맛있는 김치를 얻어먹는 호사를 누렸다.

1982년도에 내가 다니던 학교에서 결혼식을 올렸다. 청소용역 아주머니들이 도서관 지하광장 세미나실로 수백 개의 의자들을 날라주셨다. 28년이나 지난 2009년 겨울, 모교에 찾아가 청소용역 아주머니들을 만났는데, 내 결혼식에서 의자를 날라주신 아주머니들 중에서 아직도 일하고 계신 분이 있었다. '의자 나르는 일이 가장 하기 싫은 일인 거 아세요?'라고 했다. 그 말을 30여 년 만에 들었다.

지금 이 순간에도 우리나라의 많은 대학교에서 청소용역 아주머니 노동자들은 정당한 권리를 위해 싸우고 있다.

휴게소에서 만난 사람

경부고속도로의 한 휴게소에 들어서는데 분위기가 영 이상했다. 곳곳에 대자보가 붙어 있고 일하는 사람들의 표정도 굳어 있었다.

'맞아. 노조 간부들이 농성 중인 노조 사무실에 공권력이 투입되었다는 기사를 신문에서 읽은 적이 있었지….'

국수를 말아 주는 아가씨도, 주방의 아주머니도, 주차장을 청소하는 아저씨도 모두 '단결', '투쟁'의 구호가 새겨진 붉은색 조끼를 입고 있었다. 나는 호두과자 한 봉지를 사면서 말했다.

"꼭 이기셔요."

"고맙습니다."

아주머니가 활짝 웃으며 두 손으로 호두과자 봉지를 건네

주었다. 나도 두 손으로 받았다.

노동조합 사무실에 찾아갔다.

"지나가다가… 그냥 지나칠 수 없어서 격려차 들렀습니다."

여성 조합원 두 사람의 얼굴 표정이 밝아지면서 일어나더니 자리에 앉으라고 권했다. 손이라도 마주잡고 싶었지만, 지나치게 아리따운 젊은 여성들이어서 선뜻 손을 내밀 수 없었다. 나는 자리에 앉지도 못한 채 엉거주춤 서서 몇 마디 나누다가 마지막으로 한마디하고는 황급히 노조 사무실을 나왔다.

"꼭 이기셔요. 어려움이 많으시겠지만…"

진한 화장과 짧은 치마로 가끔 남정네들의 눈을 흘끔거리게 하던 젊은 여성들이 우리 동지로 우뚝 서다니… 못내 경이로운 일이라고 생각하면서 휴게소를 빠져나왔다.

10년도 넘은 일이지만, 그 휴게소와의 인연은 그렇게 시작되었다. 그 후로 경부고속도로를 달릴 때면 가끔 노조 사무실에 들르곤 했다. 사무실 벽 화이트보드에 '소내 조합원 근무처 방문 중입니다. 위원장 백'이라고 적혀 있는 날이면 휴게소를 샅샅이 뒤져서라도 위원장을 만났다. '저 사람은 왜 탤런트나 내레이터 모델을 하지 않고 노동조합을 할까…' 싶은 생각이 들만큼 그 위원장의 미모가 상당하기 때문은 아니다. 솔직히…(그런데 왜 '솔직히'를 강조하지? 하하…)

지난 주 도고온천 근처에서 열린 조흥은행 노동조합 수련회에 가는 길이었다. 시간이 빠듯해서 노조 사무실에 들를 여유조차 없었다. 아직 이른 아침시간이어서 손님이 거의 없는 텅 빈 식당 복판에 앉아 소고기 장국밥을 먹고 있는데, 노조 위원장이 들어서는 것이 아닌가. 나와 눈이 마주치자 큰 눈을 더욱 크게 뜨고 큰 걸음으로 성큼 다가온다.

"아니, 지금 뭐하시는 거예요? 여기서 밥을 사 드시고 계신 거예요?"

나는 마치 나쁜 짓을 하다가 들킨 사람처럼 주눅이 든 목소리로 말했다.

"시간이 급해서 노조 사무실에 들르지 못했어요."

"그래도 그렇지. 어차피 먹을 밥인데 저희한테 오시면 저희가 대접할 수 있잖아요."

나는 더욱 주눅이 들어서 작은 목소리로 말했다.

"아니, 시간이 정말 없어서 그랬다니까…"

"그럼 냉커피라도 드릴게요. 지금은 그냥 설탕만 섞은 냉커피밖에 없는데 괜찮지요?"

위원장은 휑하니 가더니 잠시 후 냉커피 한 잔을 들고 와서 식탁에 올려놓으며 말했다.

"크림 탄 거 원하시면 금방 다시 해올 수 있어요."

"아니, 괜찮습니다."

위원장은 그 빛나는 미모로 내 앞에 마주 앉았고 나는 조금이라도 빨리 식사를 마치려고 서둘렀다. 위원장이 갑자기 정색을 하고 진지한 얼굴로 말했다.

"제가 그동안 뭐 잘못한 거 있어요?"

"아니, 왜요?"

"그런데 왜 여기까지 와서 밥을 돈 내고 사 드시는 거예요? 우리가 해드릴 수 있는 게 뭐가 더 있다고… 오늘 잘못하신 거예요. 다음에 또 밥 사 드시다가 저한테 들키시면 정말 야단맞습니다."

"알았습니다."

위원장 얼굴이 핼쑥해 보여서 내가 말했다.

"살이 좀 빠졌군요."

"어, 그래요? 사실은… 가까운 사람들에게만 말했는데, 제가 요즘 몸이 좀 안 좋아요."

"언제부터?"

"그만두어야겠다 생각하면서 다닌 지가 벌써 일 년이나 되었어요. 고급병이라 쉬어야 낫는다는데, 지금 쉬면 저는 직장을 그만두어야 하거든요. 작년에도 쉬기로 결정했다가 취소한 적이

있어요. 그런데 얼굴은 오히려 붓기가 있어서 커 보인다는데, 어떻게 알아채셨어요?"

"팔이 가늘어졌잖아요. 이렇게 앙상한 느낌은 아니었는데."

위원장은 마치 추운 듯이 한 손으로 다른 쪽 팔을 감싸며 쓸쓸한 얼굴로 말했다.

"그렇지요? 몸무게가 많이 줄었어요."

배웅하겠다며 굳이 따라 나오는 위원장에게 '그만 나오라'고 말하고는 차 있는 곳으로 내처 달려가는데 위원장이 뒤에서 소리쳤다.

"그만두게 되면, 꼭 전화할게요."

나도 돌아서서 말했다.

"어느 날, 온다간다 말도 없이 사라져 버리지는 말아요."

휴게소를 빠져나와 한참이 지나도록, 자기 팔을 감싸던 위원장의 쓸쓸한 얼굴이 가슴에 남았다.

후회

인천에서 부천을 잇는 산길이 있다. 흔히들 '사단 앞길'이라고 부르는데, 이제는 그 길 위로 서울외곽순환고속도로가 뻥 뚫려 버려서 흔적만 남은 폐로가 됐다. 이 길은 해마다 가을이면 코스모스가 양옆에 무리지어 피어나고, 가끔 행군하는 군인들의 행렬을 만나는 곳이었다. 건널목에서 군인들이 길을 다 건널 때까지 차를 멈추고 기다리다 보면, 대열 맨 끝의 군인이 고맙다는 뜻으로 거수경례를 보내기도 했다.

　인천 주안성당에서 하는 강연회 때문에 오래전 여성부 장관을 지낸 적이 있는 한명숙 전 총리를 광화문 여성단체연합 사무실에서 모시고 올 때도 그 길을 지났다. 길가 풍경을 한참 바라보던 한명숙 씨가 '도시 한복판에 이런 길이 다 있군요'라고 말하며 감탄을 금치 못했을 정도로 호젓한 분위기였다.

봄이 되면 길 양쪽에 펼쳐진 논에서 밤마다 개구리가 얼마나 시끄럽게 울어대는지, 한번은 개구리 울음소리를 아이들에게 들려주려고 한밤중에 차를 타고 온 적도 있었다. 하지만 개구리 울음소리를 한 번도 들어보지 못한 아이들은 차창을 열자 그 맹렬한 소리에 놀라 무섭다면서 어서 집으로 가자고 울며 보챘다.

자가용을 마련하고 얼마 안 됐을 무렵이니까 아마도 1988년 말경이었을 것이다. 아침 출근길에 그 길 중간쯤을 달리는데 웬 어린아이 하나가 아주머니와 함께 서 있다가 태워 달라고 차를 세웠다. 꼬마가 팔짝팔짝 뛰면서 손을 흔드는 모습이 귀여워서 연이어 따라오는 차들이 불평하리란 걸 알면서도 차를 세웠다. 서둘러 두 사람을 태우고 출발하고 나서 꼬마에게 물었다.

"꼬마, 몇 살?"

"……."

"아저씨가 몇 살이냐고 물으시잖아?"

꼬마가 대답이 없자 애 엄마가 채근한다. 그래도 꼬마는 계속 묵묵부답이다. 내가 다시 물었다.

"학교에 다니니?"

"아니."

"그럼, 여섯 살?"

"응."

"'네에'라고 해야지. 어른이 물으시는데."

엄마가 타일렀다.

"꼬마, 어디 가니?"

"엄마 회사."

"엄마 회사에 너는 왜 따라가?"

"히~ 목욕하러요."

엄마 회사에 목욕하러 간다? 뭔가 앞뒤가 맞지 않는 말 같았지만, 더는 묻지 않았다. 아이 엄마가 문득 나에게 묻는다.

"결혼하셨어요?"

"예."

"애도 있으신가 봐요. 어린애하고 말씀을 잘하시네요."

"옷을 이렇게 입고 다녀서 그렇지, 나이 많이 먹었습니다."

일전에 아들 녀석하고 아동복 가게에 갔다가 내 몸에 맞는 아동복 야구점퍼가 걸려 있기에 하나 사 입었는데, 마침 그걸 입고 출근하는 길이었다. 아이 엄마가 혼잣말처럼 중얼거렸다.

"늦어서 큰일 났네. 40분부터 조회 시작인데."

"회사가 어딘데요?"

"조금 더 가다 보면 있어요. 아침마다 차 타기가 얼마나 힘든지. 애까지 있어서 택시도 잘 안 태워 줘요. 짐꾸러미라도 하나

있는 날에는 더 힘들어요."

"서는 차 세우는 사람 있으면 거의 매번 태워주었는데."

"그러세요? 몇 시쯤에 지나가시는데요?"

어? 이 아주머니가 어쩌다 한 번 태워 드렸더니 매일 신세를 지겠다는 배짱인가 싶어서 나는 대답을 안했다. 경인국도 큰길로 나서서 한참 왔을 때 꼬마가 소리쳤다.

"와, 엄마 회사다."

"어디?"

"저기, 알로에 간판 있는 집."

회사 건물 앞 건널목에서 차를 세웠는데, 아주머니가 내리면서 재빨리 말한다.

"알로에 비누 하나 써보세요. 좋은 거예요."

'그럴 필요 없다'고 말할 틈도 없었다. 뒷좌석을 돌아다보니 알로에 비누가 하나 덩그러니 놓여 있다. 신호에 쫓겨 서둘러 그곳을 떠나 사무실로 오면서 '매일 아침 8시 30분쯤에 그곳을 지난다'고 말하지 않은 걸 내내 후회했다. 사람들은 때로 우리가 생각하는 것보다 훨씬 더 착하게 산다.

제2부

여인의 향기

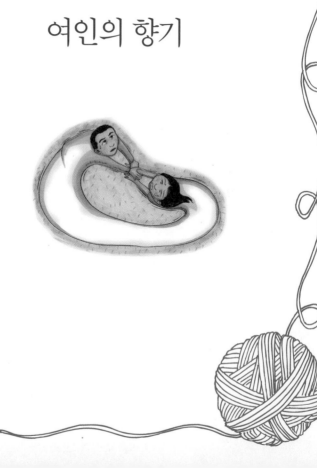

광복절과 운동화

1945년 8월 그 여자는 열아홉 살의 꽃다운 처녀였다. 은행에 다니면서 아름다운 꿈을 가꾸며 살았다. 더운 여름이 시작되자 그 여자가 살던 평양 거리에 갑자기 일본 사람들이 넘쳐나기 시작했다. 멀리 북쪽의 만주 벌판에서 피난 내려온 일본 사람들이었다. 은행에 출근하는 길에 지나가는 정거장 앞에는 남루한 차림으로 등에 아이를 업고 한 손으로 또 다른 아이의 손을 쥔 채 일거리를 찾아 헤매는 일본 여자들이 눈에 띄게 늘었다.

어느 날 아침, 여자가 일하는 은행에 일본군 장교가 들어서더니 직원들에게 전에 없이 깍듯한 인사를 건네며 이렇게 말했다.

"이제부터는 당신들 세상입니다."

열아홉 살의 그 여자는 그렇게 해방을 맞았다. 여자가 출근하는 거리에 이번에는 체격이 남달리 크고 군복을 입은 소련 여자들이 눈에 띄기 시작했다. 낯선 이국땅에서, 그 소련 여자들은 '해방군'으로 행세했다.

광복의 기쁨도 잠시, 일제의 식민지에서 벗어난 이 땅은 다시 허리가 잘렸다. 스스로 되찾은 독립이 아니라, 남의 도움으로 선물처럼 받은 해방의 대가였다.

어머니는 여자에게 38선을 넘어 남쪽으로 내려가라고 했다. 서울에 시집가서 살고 있는 언니네 집에 있으면, 어머니도 곧 따라 내려가마고 했다. 여자가 집 떠나는 날, 어머니는 여자에게 새 운동화를 한 켤레 사주셨다. 운동화가 귀하던 시절이라 여자는 새 운동화를 신는다는 기쁨으로 이별의 슬픔을 잠시 잊었다.

산을 넘고, 물을 건너고, 몇날 며칠을 걷고 또 걸어서 서울에 도착했을 때 여자의 새 운동화는 밑창이 다 떨어져 나갔다. 여자는 서울 거리의 멋쟁이들이 자신의 다 헤진 운동화를 보고 행여 흉이라도 볼까 봐 마음 졸였다. 여자는 열아홉 살이었다.

여자는 언니 집에 무사히 도착했다. 하지만 새 운동화를 사주었던 어머니는 끝내 나타나지 않았다. 새 운동화를 신고 집으로 나서던 날, 열아홉 살 딸에게 손을 흔들어 주던 얼굴이 여자가 기억하는 어머니의 마지막 모습이었다.

여자는 결혼하고 아들을 낳았다. 세월이 흘러, 여자의 아들

도 결혼하고 아들을 낳았다. 여자에게 귀여운 손자가 생긴 것이다. 인생의 황혼기에 접어들어 또다시 맞게 되는 광복절 아침, 아파트 베란다에 태극기를 다는 여자에게 귀여운 손자 녀석이 물었다.

"할머니는 1945년 8월 15일에 몇 살이었어요?"

여자는 열아홉 살에 맞았던 광복의 기쁨과 함께, 마음속에 묻어두었던 헤진 운동화 한 켤레를 꺼냈다. 손자를 무릎에 앉힌 채, 여자는 50년 전 열아홉 살 꽃다운 처녀에게 어머니가 사주셨던 운동화 얘기를 들려주며 다짐한다.

'이제부터 해마다 광복절에는 손자에게 예쁜 새 운동화를 사주어야지.'

그 여자는… 나의 어머니다.

여자친구의 편지

내 인생의 첫 번째 데모에서 '동을 뜬' 것은 1974년 11월이었다. 학생운동 층이 워낙 엷은 학교여서 1학년밖에 안된 내가 총대를 멜 수밖에 없는 상황이었다. 결정적인 결단을 앞두고 나는 3일 동안이나 망설였다. 작고 어두운 내 방에 틀어박혀 온종일 뒤척이며 나오지 않았다. 유신헌법의 칼날이 서슬 퍼렇게 날뛰던 시대, 고문과 감옥도 두려웠지만 '20대 박사'로 상징되던 온 가족의 꿈이 아까워 고민했다. 그 와중에 여자 친구가 깨알 같은 글씨로 쓴 편지를 보냈다.

지금 네가 결단을 내리지 못하고 망설이는 이유가
앞으로 평생 경제적으로 무능력한 인간이 될까 봐

두려워하는 것 때문이라면,

최소한 그 걱정은 하지 않아도 돼.

나는 어릴 때부터 교사가 되는 것이 꿈이었고

한 번도 그 꿈이 바뀌어본 적이 없었으니

머잖아 교사가 될 거야.

그러니까 우리가 언젠가 결혼하면

네가 경제적으로 완벽하게 무능력한 인간이 된다고 해도,

그 사회에서 교사의 생활수준을 가질 수 있어.

풍족하지는 않지만 오붓하게는 살 수 있어.

네가 다른 이유 때문에 고민하고 있는 거라면

내가 참견할 바가 아니지만,

경제적 이유 때문이라면

최소한 그 걱정은 하지 않아도 돼.

　　그러한 편지를 받고도 결단하지 못한다면 얼마나 비겁한가.
며칠 뒤 나는 여관에서 밤을 꼬박 새며 등사기로 밀어낸('등사기
로 민다'는 표현을 이해하는 사람이 몇이나 있을까 생각해 보면, 그
때는 정말 원시시대였다) 유인물 뭉치를 라면박스에 싸들고 학교

로 들어가 시간이 되기를 기다렸고, 무사히(?) 거사를 치른 뒤, 손바닥에 잔뜩 묻은 등사 잉크도 지우지 못한 채 잡혀갔다.

그날 저녁, 연행된 학생들 중에서 유일하게 1학년이었던 나는 대공 사무실 구석에 쪼그리고 앉아 '새로운 인생의 분기점에 섰다'는 감격으로 눈물지었다.

그 편지의 주인공은 물론 지금 나의 사랑하는 안해 유명선 씨다. 나는 그 편지를 지금까지 '증거'로 소중하게 보관하고 있다. 이 이야기를 알고 있는 후배들이 가끔 내 안해에게 '선배님은 어떻게 그런 결심을 할 수 있었어요?'라고 물어보면 안해는 요즘 이렇게 답하곤 한다.

"그때 내가 판단을 좀 잘못했지. 깔깔…"

첫눈

박정희가 죽었다는 뉴스를 들은 뒤, 굳게 닫힌 교문 앞을 아무 약속도 없이 서성거리던 우리는 '가만히 있을 때가 아니다'라는 자각으로 숨쉬기조차 버거웠지만, 그 비장함에 비해 물적 토대는 턱없이 빈약했다. 유인물 1만 장을 찍어 배포한다는 당찬 계획을 세웠지만, 문제는 돈이었다. 등사기는커녕 8절 갱지 1만 장을 살 돈도 없었다.

사무기 회사에서 아르바이트하던 친구가 회사 진열장에 전시된 수동식 윤전 등사기를 사장 몰래 쓸 수 있게 배려해 주었지만, 등사 원지, 등사 잉크, 갱지를 살 돈과 밤샘작업 후 최소한 해장국 한 그릇씩이라도 먹을 돈이 필요했다.

그래도 사람이 모이면 일은 진행되게 마련이어서, '거사' 전

날 약속 장소에는 유인물 내용을 토의하고 결정할 몇 사람, 문건을 최종적으로 정리할 문사(文士) 두어 사람, 외모처럼 단정한 필체를 갖춘 여학생 한 사람 등 예정된 인원이 모두 모였다.

돈 문제는 내가 해결하기로 했다. 내가 유일한 복학생이었고 학번과 나이도 가장 높았으니 당연한 의무였다. 나는 사람들에게 걱정 말라고 장담한 뒤 '비트'를 빠져 나와 친구를 찾아갔다. 친구도 넉넉한 형편은 아니었지만, 그래도 명색이 학교 선생인데 나보다야 낫겠지 싶어 무작정 찾아간 것이다. 내가 어렵게 꺼낸 이야기를 듣고 친구는 서랍에서 무언가를 꺼내 방바닥에 내놓았다.

"필요한 만큼 찾아서 써. 부담 갖지 말고."

아, 나는 그 예금통장을 받을 수 없었다. 어릴 적부터 선생님이 되는 게 꿈이었고 자라는 동안 그 꿈이 한 번도 변한 적이 없었던 그가 선생님이 되기 위해 얼마나 어렵게 공부했는지, 그 사정을 조금이라도 아는 나로서는 도저히 그 통장을 받을 수 없었다. 내가 그렇게 많은 돈이 필요한 것은 아니라고 하자 그는 주머니에 있는 돈을 모두 털어 내게 주었다.

동료가 모여 있는 장소로 다시 돌아오는 길에 눈이 내렸다. 황골고개 긴 언덕을 오를 무렵, 마치 은가루처럼 반짝거리는 조각들이 나풀나풀 떨어지다가 옷에 닿으면 아무 흔적도 없이 녹았다. 언뜻 보면 그냥 지나칠 만큼 작은 눈송이였다. 매번 첫눈은 그렇게 아무도 모르게 내리는 것인지도 모른다. 3년이 지난 봄날, 그 친구는 나의 소중한 안해가 되었다.

기절

실제와 전혀 다르게 내가 거물로 지목되어 수배된 적이 있었다. 나는 운 좋게도 부천 원미동(양귀자 씨의 소설에 나오는 바로 그 동네다)의 작은 석유가게에 취직해서 두 달 반가량 숨어 지냈다. 슬리퍼를 찍찍 끌고 다방에 석유 배달을 가다 보면 다방 입구에 내 현상수배 사진이 붙어 있기도 했다. 수배 전단에 나와 있는 다른 동료 사진은 모두 학적부 같은 데서 복사한 것들이어서 알아보기 어려웠지만, 내 사진만은 유독 시위 현장에서 메가폰을 들고 있다가 찍힌 옆모습이어서 한결 생생했다.

　　나보다 훨씬 먼저 대학을 졸업하고 이미 교사로 일하고 있던 안해는 어느 날 수업 중에 느닷없이 교실로 들이닥친 건장한 사내들에게 잡혀서 어느 건물의 지하실까지 끌려갔다. 그리고 기

절해서야 그곳에서 나올 수 있었다. 안해는 그때 내가 어디에 있는지 알고 있었으면서도 기절하기까지 입을 열지 않았던 것이다.

그로부터 2년 후에 나는 결국 그들 손에 끌려가 사흘 밤 동안 거꾸로 매달려 있다시피 한 끝에 아끼는 후배의 이름을 일러주고 말았다. 그런 내 경험을 비추어 보면서 나는 평생 안해에게 빚진 마음으로 살아간다. 죽는 날까지 아무리 애써도 그 빚을 다 갚을 수는 없으리라는 생각으로…. 그 마음은 사랑보다 귀중한 것이어서 때로 우리 부부 사이에 어려운 일이 생겼을 때에도 마음을 다잡는 기둥이 된다.

휴지 한 상자

안해는 농학생을 가르치는 특수학교 교사다. 어릴 때부터 선생님이 되는 게 꿈이었고, 자라는 동안 그 꿈이 한 번도 바뀌지 않았다고 한다. 그렇게 교사가 된 사람이라 '천직'이 따로 없다. 내가 옆에서 봐도 학생들을 참 사랑한다. 때로는 남편보다 더.

안해가 다니는 학교에서 운동회가 열린 날, 밤늦게 집에 들어가니 안해는 운동회를 치르느라 피곤했을 텐데도 늦도록 식탁에 앉아 꼬물꼬물 작은 꾸러미를 포장하고 있었다. 뭐냐고 물으니, 학부형들이 와서 쩔러주는 봉투를 일일이 거절하느라 난리굿을 치르는 게 오히려 유난스러워 보일까 봐 하는 수 없이 몇 개를 받아왔다는 것이다.

안해가 파지로 버린 종이를 들여다보니 '마음만 고맙게 받겠습니다. 열어보지 않은 채 돌려드립니다. 다른 뜻은 없으니 오해 마시기 바랍니다…'로 시작하는 편지글이었다. 학부형들이 행여 액수가 적어 돌려보내는 것으로 오해할까 봐—그런 교사도 있다는 얘기가 가끔 사람들 입에 오르내린다—염려하는 안해의 마음 씀씀이가 보였다. 학생들 손에 봉투만 달랑 들려서 돌려보내기가 어색했는지 편지와 봉투를 휴지 한 상자와 함께 싸서 일일이 포장한 것이다.

며칠 후 한 학생의 어머니가 아무 연락도 없이 우리 집에 찾아왔다. 시골에서 직접 재배한 무공해 채소라며 무, 배추, 청각 등을 가득 담아 두 포대나 가지고 왔다. 오다가 길에서 만난 초등학교 5, 6학년쯤 돼 보이는 사내아이에게 자루 하나를 들어달라고 부탁했던 모양인데, 버스를 잘못 타는 바람에 돈이 다 떨어졌다고 난처해하면서 달랑 백 원짜리 동전 한 닢을 소년에게 주는 것이다. 안해가 얼른 동전 몇 개를 사내아이에게 더 집어주었다.

　　'집에 들어왔다 가시라'고 해도 '허름한 차림새로 선생님 집에 불쑥 찾아온 것이 큰 실례'라고 몸 둘 바를 몰라 하더니 신도 벗지 않은 채 현관에서 굳이 돌아가겠다고 했다. 안해가 '돈도 다 떨어졌다는데 차비라도 드리겠다'고 했더니 '큰돈이야 있지요'라며 씩 웃고는 붙잡을 틈도 없이 휭하니 돌아서 가버렸다.

　　나는 그 무와 배추를 사무실에 가져와서 여러 집이 함께 나누어 먹었으니, 그 학부형은 여러 사람에게 좋은 일을 한 셈이다. 이가 훤히 드러나도록 씩 웃으며 돌아서 가던 그 아주머니의 얼굴이 오래도록 잊히지 않는다.

경험이 말한다

해고된 노동자들을 집에 초대했다. 노동조합을 설립한 뒤 2년 동안 '뼈 빠지게 고생하다가' 결국 모두 해고된 사람들이다. 그 사람들의 고생에 내가 원인을 제공한 바가 전혀 없지 않다는 생각이 들었고, 저녁 한 끼로 그 죄를 다 갚을 수야 없는 노릇이지만 도저히 가만히 있을 수 없어서 마련한 저녁식사 자리였다. 다행히 모두 기쁘게 와주었다. 안해는 처음 만나는 사람들을 위해 직장에서 조퇴까지 해가며 푸짐하게 음식을 장만했다.

저녁식사를 마치고 나서 술을 한잔씩 마시며 '자기 고백' 시간을 가졌다. 그간의 아픈 경험을 안고 앞으로는 어떤 삶을 살아갈지 이야기를 나누었다. 내가 먼저 '우리가 그동안 죽도록 고생했는데 그런 고생을 한 번도 해보지 않은 인간들과 똑같이 살아갈 수야 없지 않겠냐'고 말문을 열었다. 돌아가면서 이야기하다가 자기 순서가 되었을 때 안해가 말했다.

"내 경험으로 말하는 건데, 거창하게 무슨 운동까지는 아니더라도 자기 소신이 있어서 어떤 활동을 해야 할 사람은 결혼하지 말아야 하고, 만약 부부가 함께 뛸 거라면 결혼하더라도 아기는 낳지 말아야 할 것 같다는 생각이 들어요. 남편은 남편대로 안해와 아이들에게 충실할 수 없어 죄스럽고, 안해는 안해대로 남편의 갈 길을 가로막는 장해물 역할이나 하는 것 같아 죄책감에 시달려야 하니, 그게 무슨 꼴이냐구요."

그날 우리 사무실에 함께 있는 여직원이 음식 차리는 일을 도와주러 함께 우리 집에 왔었는데 다음날 아침 출근해서 내게 말했다.

"어젯밤 집으로 돌아가는 지하철에서 사람들이 지운이 엄마 칭찬만 했어요. 하 선생님 부인이 정말 훌륭한 분이라고…. 자기들은 결혼하면 절대로 그렇게 못할 거라고. 정말 대단한 사람이라고…"

작은 것이 아름답다

내가 받던 월급을 줄이겠다고 결심한 적이 있었다. 그리고 실제로 그렇게 했다. 운동단체에서 일하는 친구들의 '기아 임금'과 비교하면 엄청난 고임금이었고 구로동의 나이 어린 노동자들이 한 달에 100시간 넘는 잔업까지 해야만 받을 수 있는 돈을 월급으로 받으면서 몇 개월 일해 보니, 내가 뭘 좀 해보겠다는 놈인지 아니면 그냥 월급쟁이인지 영 헷갈렸던 것이다.

한 달에 수십만 원을 받으면서 한 달에 십만 원 받는 노동자의 고통을 이해한다는 것은 어불성설이다.

혼자 고민하다가 월급을 줄이는 수밖에 없다고 결론을 내리고 나서 안해의 이해를 구했다. 안해는 내 말을 듣고는 잠시 아무 말 없더니 그 무렵 네 살이었던 아들 지운이에게 말했다.

"아빠가 다시 병이 도진 모양이다. 허리띠 졸라매자."

지금 돌이켜 보면 한낱 양심 위로용에 불과한 결정이었지만, 그래도 잘한 짓이었다. 그렇게 해서 내가 얻은 유익은 감히 돈으로 계산할 수는 없는 것들이다. 내가 이렇게 어쭙잖은 모습으로나마 진솔하게 살아가는 노동자들의 삶 주변에서 버틸 수 있었던 것은 이런저런 다른 이유도 있었겠지만 스스로 월급을 줄인 것에 힘입은 바 크다.

밤중이나 새벽이나

밤 11시쯤 집으로 돌아왔다. 며칠째 계속 새벽녘에야 들어왔기에 모처럼 일찍 귀가한 셈이었다. 속이 불편해서 화장실에 앉아 있는데 전화벨이 울리고 아들아이가 전화를 받았다. 집에 온 지 10분도 채 안 된 시각이었다.

"아빠! ○○노동조합이래요. 전화 받으실 수 있어요?"

"……."

"우리 아빠 지금 화장실에 들어가셔서 전화 받을 수가 없는데요. 아빠가 이따가 전화하신대요."

볼일을 다 마치고 전화했더니, 내일 있을 유인물 작업에 대해 의견이 모아지지 않는다고 내일 새벽에라도 좀 볼 수 없느냐는 것이었다. 나는 잠시 후 다시 전화하겠다고 말하고는 전화를 끊었다. 전화 내용을 듣고 있던 안해의 입이 벌써 이만큼 나와 있었다. 내가 안해에게 말했다.

"새벽에 나가느니 차라리 지금 다녀오는 게 낫겠지?"

안해는 못들은 척했고 이부자리에 엎드려 잘 채비를 하던 아들 녀석이 혼잣말처럼 말했다.

"지금 나가면 새벽에나 들어오실 텐데, 그게 그거지요. 뭐. 밤중이나 새벽이나 마찬가지지."

내가 아들에게 말했다.

"아니야. 오늘은 나갔다가 금방 들어올 거야."

"그래요? 그럼, 지금 나가세요."

내가 다시 안해에게 물었다

"어떻게 해? 지금 나갈까? 아니면 새벽에 나갈까?"

안해는 신경질적으로 대답했다.

"지운이가 지금 나가는 게 좋다잖아요!"

"그거야 아들 의견이고 나는 어디까지나 당신 의견이 중요하지."

"맘대로 해요. 나는 우리 남편이 아무것도 아니어도 좋다구요. 훌륭한 사람 못 되어도 좋으니, 집안에 있는 시간만이라도 그냥 남편 그 자체로 충실할 수 없어요?"

"……."

나는 아무 할 말이 없었다. 안해가 계속 말했다.

"결혼한 지 10년 넘도록 남편을 너무 사랑하는 게 문제지 다른 게 문젠가. 나가 보세요. 사랑하는 사람을 내가 어떻게 미워할 수 있겠어요. 괜히 화난 척해봤어요."

그러나 꼬박꼬박 존댓말을 사용하는 품으로 봐서 안해가 대단히 화가 나 있다는 걸 알 수 있었다. 나는 '고맙다'고 짐짓 고개를 숙여 인사하고 나갔다가, 결국 새벽녘에야 들어왔다.

동반자

산업재해 문제에 대한 연구조사 발표회가 열렸다. 지역 상담소에서 일하는 사람들과 함께 몇 개월 동안 일주일에 한 번씩 모여 공부한 내용을 여러 사람 앞에서 발표해 보자는 욕심으로 주머닛돈을 털어 마련한 행사였다.

그날 안해도 그 자리에 참석했다. '남편이 어디 가서 발제를 한다는데 잘하는지 못하는지 감시하러 가야겠다'고 직장 동료에게 말하고 왔다고 했다. 안해는 방명록에 '하종강의 동반자'라고 적었다.

성황리에 발표회를 마친 뒤 사람들이 내게 와서는 '하종강의 동반자가 도대체 누구냐? 얼굴이나 한번 보자'고 했고 나는 안해를 사람들에게 소개했다. 그날 뒤풀이 자리에서 안해는 한

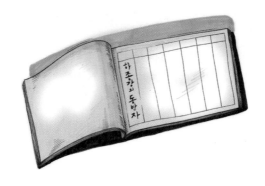

다리 건너 아는 사람을 만났다. 그날 발표회의 사회를 맡은 사람
이었다. 안해가 다니는 학교에서 오래전에 직원으로 있었던 사람
이 요즘 그의 직장에서 함께 일하고 있다고 했다.

"그 친구가 그러더라구요. 자기가 다니던 학교에 여 선생이
하나 있었는데 그 선생 남편이 무슨 노동운동을 한대나. 그래서
맨날 후줄근하게 옷을 입고 다녔다고…."

안해가 그 말에 답했다.

"옷 없기는 저 사람도 마찬가지인 걸요. 나만 사 입을 수도
없고."

나는 마음이 아팠다.

귀밑머리

오랜 군사독재정권 시대가 끝나고 '절차적 민주주의 완성'이라는 목표를 내 건 문민정부가 들어서고 나서 많은 사람이 자리를 옮겼다. 자신의 미래의 삶에 대한 오랜 고민 끝에 다른 일을 찾은 사람도 있었고, 뒤늦게 대학원에 진학한 후배도 많았다. 이제라도 졸업장을 받아야겠다고 늦은 나이에 다시 대학에 복학하는 사람들이 그야말로 물결을 이뤘다. 그때까지는 별로 중요하게 생각하지 않던 시민운동단체로 들어간 사람도 적지 않았다.

'이럴 때 가만히 있는 사람만 멍청하게 되는 거 아냐?' 하는 불안감이 들기도 했지만, 나는 '하던 일을 계속하는 멍청한 사람' 축에 끼기로 작정했다.

어느 날 안해에게 조심스럽게 물어보았다.

"귀밑머리가 하얗게 되도록 평생 노동상담이나 하다가 늙어 죽은 사람이 당신 남편이라 해도 부끄러워하지 않겠소?"

안해는 잠시도 지체하지 않고 쏜살같이 답했다.

"아이고, 나는 당신이 이제 와서 뭐 다른 거 한다고 그럴까 봐 겁나는 사람이에요. 그냥 하던 일이나 계속 하시라고요."

맨발의 이사도라

밤 열두 시가 다 됐는데 후배가 전화했다. 목소리가 벌써 어딘가 심상치 않다.

"지금 어디야?"

"형네 아파트단지에 있는 공중전화예요. 그런데 아파트 동 호수를 몰라서….'

우리 집에 한 번도 와본 적이 없는 후배는 막연히 내가 산다는 아파트단지 이름만 알고 찾아와서 전화했다는 것이다.

"지금 몇 동 앞인데?"

"바로 앞에 영재유치원 간판이 보여요. 유치원 건너편에 있는 공중전화 박스예요."

"차 끌고 왔어?"

"예."

"차 안에 들어가서 문 잠그고 얌전히 있어. 내가 데리러 갈 테니까…."

나는 후배를 만나 집으로 데리고 왔다.

거실에 들어서면서 자세히 보니, 꽤 추운 날씨였는데도 후배는 집에 있다가 방금 나왔는지 얇은 옷차림에 맨발이 아닌가. 자기가 무슨 맨발의 이사도라 던컨이라도 돼나? 털썩! 소파에 몸을 던지듯 앉은 후배는 마치 찬 바람 부는 겨울 공원 벤치에라도 앉은 것처럼 몸을 잔뜩 움츠리고 방안을 멀뚱멀뚱 둘러보기만 할 뿐, 아무 말도 없다.

뭔가 심상치 않은 사건이 벌어졌다고 짐작한 안해와 나는 후배가 입을 열 때까지 가만히 기다렸다. 한참 후에 후배가 말을 꺼냈다.

"○○ 그 자식이 전화했는데… 이번 토요일에 약혼한대요."

"누구랑?"

"나도 모르는 애래요."

안해가 작은 방을 가리키며 내게 눈짓을 한다. 방으로 후배를 데리고 들어가 마주 보고 앉았다. 나는 마음속으로 '오히려 잘됐지' 싶었다.

"난 오히려 잘된 일이라고 생각해. 내가 전부터 그 친구와 너는 아무래도 어울리지 않는다고 했잖아."

"그래도 내가 그 애한테 들인 공이 얼만데… 몇 년 동안…
맘 졸이면서…."

"그 공이 아깝다고 평생 고생할래?"

"고생할 각오는 처음부터 했어요."

"남자 녀석이… 목걸이는 그렇다고 쳐. 귀걸이까지 하고 나
타났다고 했을 때, 내가 진작 알아 봤지. 사람들이 모두 네가 아깝
다고 했잖아."

"그래도요."

"지금 너한테 무슨 말이 소용이 있겠냐. 그래도 내가 이제부
터 하는 말 잘 들어 봐. 에헴."

후배는 고개를 가만히 숙인 채 내 얘기에 귀를 기울였다.

"소포클레스인가 하는 희랍의 극작가가 그랬다지. 남자와
여자가 처음에는 한 몸이었다고. 그런데 신의 저주를 받아 둘로
나뉘어서 평생 자기 반쪽을 찾아 헤매게 되었다고…."

두어 시간 동안 후배와 얘기를 나누었다. 후배는 가끔 고개
를 끄덕이긴 했지만, 내가 아무리 좋은 얘기를 한다 해도 마음속
깊은 상처가 쉽게 아물지 않을 것이다. 우리 집에서 자고 가라고
했지만, 후배는 새벽녘에 굳이 갔다.

"그 전화 받고 나서 무작정 집을 나왔는데… 마땅히 갈 데도

없고… 형네 부부 행복하게 사는 거 보면 그래도 맘이 좀 편해질 것 같아서… 미안해요."

후배의 차를 운전해서 집까지 바래다주고 나는 택시를 타고 집에 돌아왔다. 남들이 보기에 행복한 부부로 보이는 것만으로도 그게 어디냐 싶었다.

가시나야, 왜 그러고 사냐…

대공(對共) 지하실 커다란 방에 모두 모이게 한 것을 보니 수사가 다 끝난 모양이었다. 나야 실속 없이 '이름값' 때문에 끌려 온 몸이니 사흘 밤 사흘 낮 동안 치도곤만 당했을 뿐 별로 엮일 것도 없었지만 실제로 '지은 죄'가 명백했던 후배들은 구속될 것이 뻔했다. 나는 후배들을 방 한 켠으로 불러 모았다.

"모두 이리 모여 봐라. 되어가는 꼴을 보아하니 너희는 모두 오늘이나 내일 중에 구속영장이 집행되고, 풀려날 놈은 나 하나뿐일 것 같다. 너희가 징역 살 동안 책도 넣어 주고 바깥쪽하고 연락도 해주고… 챙겨 줄 사람이 필요할 텐데, 그동안 마음에 두고 있던 사람이 있으면 솔직히 말해 봐."

처음에는 시치미를 뗐지만 자꾸 채근하니 한 명씩 털어놓기 시작했다. 나중에는 '너 임마, 지난번에 ○○이 좋아한다고 나한테 고백했잖아. 보는 눈빛이 다른 것 다 알고 있는데, 솔직히 고백해. 지금 이 마당에 눈치 볼 거 뭐 있어?'라고 자기들끼리 청문회를 하기 시작했다.

밤 11시쯤 되어 나는 또다시 체격이 건장한 사내들에 의해 '하종강, 오늘도 우리하고 고생 좀 하지'라는 말과 함께 끌려갔다. 새벽 4시쯤 곤죽이 다 되어 돌아왔을 때 후배들은 구속영장이 집행되어 모두 넘어간 후였다. 무슨 죄를 지었는지 모르지만 같이 있던 '잡범'이 내게 말했다.

"후배들이 형씨 신으라고 남겨놓고 갔소."

반듯하게 편 담요 위에 하얀 새 면양말 한 켤레가 남겨져 있었다. 나는 후배들이 송치된 후에도 며칠 동안 말로만 듣던 통닭구이, 비녀꽂기를 당하며 '한 마리 개가 되어' 지내다가 결국 열하루 만에 풀려났다.

그리고 후배들이 일러준 여자 후배들을 차례로 만났다. 사랑스러운 여자 후배들은 '안에 잡혀 있었을 때 ○○가 네 이야기를 많이 하더라'는 내 말을 들으며 눈을 반짝였다.

그렇게 맺어진 뒤 10년 넘게 교제해 온 후배들이 있었다. 몇번씩이나 헤어졌다 만나고, 헤어졌다 만나기를 되풀이하더니 결국 찬 바람이 불던 무렵에 진짜 헤어지고 말았다. 주변 사람들 모두 그 10년 세월을 아까워했지만, 당사자들이 이제 더는 남은 그리움이 없다는데야 나도 어쩔 수 없었다.

추운 겨울 어느 날 여자 후배가 상심해서 우리 집에 찾아왔다. 건넌방에 이부자리를 갖다주고 누워서 자라고 해도, 늦은 밤에 불쑥 찾아온 것이 자기 평소 원칙으로는 도무지 예의가 아니라면서 앉은 채 밤을 새웠다. 밥상을 펴고 앉아서 내 겨울 잠바를 빌려 어깨에 두르고 일본어 사전을 뒤적이며 일어 원서를 읽다가 아침에 갔다. 그런 꼿꼿한 태도가 오히려 그 후배의 결점이었다.

헤어지고 나서 두 달 만에 남자 녀석은 다른 여자를 만났다. 그리고 곧 그 새 여자와 결혼하기로 결정해 버렸다. 10년 세월 자신의 마음을 채우고 있던 사람이 떠난 허전함을 메우기 위해 그렇게 급히 결혼을 서둘렀으리라고 짐작했으나, 그래도 뭔가 섭섭했다. '다시는 아무에게도 마음을 열지 않으리…' 따위는 아니더라도 사랑하던 사람과 헤어지고 나서 두 달 만에 다른 여자와 결혼하다니… 좀 더 기다려 보지 않고.

그 후배 녀석이 결혼할 여자를 소개하겠다고 생전 처음 보는 여자를 우리 집에 데리고 왔다. 그 후배의 새 여자가 안해의 옷을 빌려 입고 우리 집에서 하룻밤 지내고 간 뒤, 안해는 하루밖에 입지 않은 그 옷을 재빨리 빨아 버리는 것으로 그 여자에 대한 인상을 표현했다.

남자 녀석이 결혼하고 나서 곧 크리스마스가 되었다. 나는 헤어진 여자 후배를 불러 우리 집 식구들과 함께 교회에도 가는 등 크리스마스를 혼자 보내지 않게 했다. 후배는 아무 일도 없었다는 듯이 태연하게 보이려고 애썼으나 시종일관 얼굴이 굳어 있었다. 새침떼기처럼 꼿꼿한 표정으로 앉아 있다가 갔다.

그 뒤부터 그 후배는 그동안 알고 지냈던 모든 사람과 연락을 끊고 살았다. 일터가 바뀔 때마다 가뭄에 콩 나듯이 가끔 내게 전화해서 바뀐 연락처를 알려주곤 했다. 유일하게 나에게만 연락하는 거라고 했다. 지나온 세월 맺어진 모든 인연을 까맣게 잊어버리기를 바라는 것처럼 보였다. 사람들이 자기를 아예 기억하지 못했으면 좋겠다고 했다. 그렇게 지낸 지 몇 년이 흘렀다.

그 후배의 아버님이 새벽에 눈을 쓸다가 갑자기 돌아가셨다는 연락을 받았다. 다음날 아침 영안실에 가 보았을 때 그 후배 쪽으로는 찾아온 사람이 아무도 없었다. 오직 나만이 유일한 문상객이었다. 결혼한 남동생들의 친구들 사이에서 후배는 하얀 소복을 입고 '아, 형 왔군요'라고 한마디하고는 아무 말 없이 서 있기만 했다.

영결식을 치르고 빈소를 정리할 때에도 후배에게는 짐을 챙겨 줄 사람이 없었다. 쇼핑백 몇 개에 나누어 담은 자기 짐을 양손에 들고 막막해 하면서 주변을 두리번거리던 후배가 결국 나를 불렀다.

"형, 이거 내 차 트렁크에 좀 넣어 줘요. 주차장에 있는 자주색 승용차예요."

하얀 소복을 입은 후배는 치맛자락을 살짝 여며 쥐고 고개를 숙인 채 영구차의 계단을 올랐다. 나는 후배에게 자동차 열쇠를 건네준 뒤, 영구차가 병원 구내를 다 빠져나갈 때까지 서서 지켜보았다.

'가시나야, 왜 그러고 사냐, 좀 편하게 살지…'

목이 잠겼다.

후배에게 해줄 말

후배는 '이제 사생결단(死生決斷)할 때가 되었다'는 생각이 들었다고 했다. 회사에 사표를 내고, 갖고 있는 돈을 톡톡 털어 보니 20만 원이 남더란다. 60만 원쯤 하는 비행기표는 카드로 긁고, 단돈 20만 원만 달랑 들고 캐나다 밴쿠버로 날아갔다.

일주일 만에 남자 친구를 찾았고, 사랑하는 남자 친구에게 새로운 여자 친구가 생겼다는 사실을 확인한 후배는 '아름다운 이별'과 '뼈 아픈 말' 사이에서 무척 고민했다고 한다. 남자 친구가 자신과 헤어진 것을 두고두고 아쉬워할 만큼 아름다운 여인으로 기억될 것인가. 아니면 자신의 원망을 영원히 잊지 못할 만큼 뼛속 깊이 사무치는 매정한 말을 남길 것인가. 후배는 이 두 가지 중에서 어떤 것을 선택했어야 옳았을까?

후배는 남자 친구에게 이틀 동안 '잘 해주고' 돌아왔다고 했다. 그리고 서울에 돌아왔을 때, 남은 돈은 한 푼도 없었다.

밥이나 먹자고 찾아온 후배가 말했다.

"선배님께 오랜만에 찾아오면서 꽃이라도 한 다발 사들고 오고 싶었어요. 그런데 정말 돈이 한 푼도 없는 거예요. 혹시나 싶어 통장 조회를 해 보았더니… 잔액 제로라고 나오는 거예요. 이런 상황을 상상할 수 있어요?"

밥을 먹고 차를 마시는 동안, 후배는 내게 보채듯 말했다.

"뭐 해줄 말 없어요? 나한테 뭐 해줄 말 없냐고요?"

나는 겨우 이렇게 말했다.

"너는 이제 어른이야. 어른이 된다는 것은 자기 고민을 남에게 말하기가 점점 더 어려워진다는 뜻이지. 혼자 깊이 사유해서 깨닫는 수밖에."

"……"

"이제 인생의 한 '챕터'를 넘긴 거야. 그렇게 생각하자고."

후배는 가면서 마지막으로 또 물었다.

"정말 나한테 해줄 말 없어요?"

나는 잠시 생각하다가 말했다.

"죽지 마."

"예…."

후배는 잠시 생각하는 얼굴이 되더니 그래도 웃는 얼굴로 '고마워요'라고 했다. 후배의 얼굴에 번지던 슬픈 웃음이 그 후로도 오랫동안 남았다.

피눈물을 뿌리며…

길을 건너다가 횡단 보도 중간쯤에서 후배를 만났다.

대입학력교사 300점대의 수재였으나(학력고사 300점이 넘으면 신문에 이름이 나오던 시대였다) 일찍이 학생운동에 귀의하여 데모를 주동하고 징역을 살았으며 졸업한 뒤에는 '위장취업 노동자'로 치열하게 살다가 현장에서 만난 동지와 결혼을 한 후배다. 그가 다닌 대학의 후배들은 아직도 "교문 앞 다리 위에서 우리 학교 역사상 가장 멋있는 데모를 주동했던 언니"로 그를 기억하고 있다.

얼마 전에는 건강이 몹시 나빠져서 치료비가 수백만 원이나 드는 대수술을 받아야 했다는 소식을 다른 후배를 통해 들었다. 금이야 옥이야 길러준 부모님의 반대를 무릅쓰고 외로운 결혼식을 올린 처지였으니 새삼스럽게 부모님에게 도움을 청할 수도 없었고, 멀리 유학(?)가 있는 남편에게는 알리지도 못한 채 혼자 그 모든 걸 치르면서 겪은 고생은 이루 말할 수 없었으리라….

건너던 길을 급히 다시 돌아 후배와 나란히 걸었다. 십년 가까운 세월 생머리였던 후배의 머리카락이 우아하게 굽이치고 있을 뿐만 아니라 얼굴에는 뽀얗게 화장도 했다.

"너, 언제부터 화장했나?"

"며칠 됐어요."

"꼭 삐에로 같다. 그게 뭐냐?"

"왜요? 보기 흉해요?"

"아니, 그중 낫다 싶은 여자도 결국 이 모양인가 싶어서…."

"형, 그러지 마세요. 그러면 나 또 고민해요. 안 그래도 고민이 많아서 요즘 매일 밤마다 잠을 못 자는데…."

마침 점심 무렵이어서 적당한 식당을 찾아 들어가 자리에 앉자마자 후배가 말했다.

"나, 이혼하기로 했어요."

나는 깜짝 놀라서 물었다.

"네 남편 공부(?) 마치고 온 지, 한 달도 안 되었잖아?"

"남편도 벌써 동의했어요."

"꼭 그렇게 할 수밖에 없었냐?"

상투적인 내 질문을 후배는 단호하게 끊는다.

"더 이상 피눈물을 뿌리며 가시밭길을 갈 수는 없어요."

그랬겠지. 당사자는 수백 번도 더 생각했겠지….

"그동안 받은 상처도 너무 억울해요."

"상처를 입힌 놈이 나쁜 놈이니, 신경 쓰지 말자."

내 답변이 참으로 궁색하다는 생각이 들었다. 후배가 계속 따지듯 말했다.

"미쳤다고 하시겠지만, 지난 10년 세월이 아까워 죽겠어요."

"그 세월이 아까워서라도… 그렇게 살면 안 되지. 나는 그 세월이 아까워 아직도 이 모양으로 산다."

어쭙잖게 거든다고 한마디했지만 후배는 계속 내 말을 잘 랐다.

"평범한 사람들의 소중한 행복도 중요하다는 생각이 들어요."

"그래. 너는 충분히 행복할 권리가 있어. 남들이 평생 해야 할 고생을 이미 다 했으니까… 하지만, 네가 말하는 그 '평범한 사람들의 소중한 행복'도 결코 쉽게 얻어지지는 않아."

"알아요. 그래서, 영어 공부부터 다시 시작할 거예요. 이것 못하면 나는 이제 죽는다는 각오로."

갑자기 나보다 훨씬 어른처럼 느껴지는 후배가 나에게 계속 가르치듯 말했다.

"내가 다시 사회로 뛰쳐나왔을 때, 제일 먼저 느낀 것이 뭔지 아세요? 남들보다 10년 늦었다는 것 말고는 아무것도 남은 게 없다는 거에요. 영어회화만 해도 그래요. 내 친구들은 이미 10년 전에 시작했거나 이미 끝낸 것들을 나는 이제 시작하고 있는 거예요. 체력이 튼튼해야 살아남을 수 있을 것 같다는 생각이 들어서 요즘은 아침에 수영도 다니고 그래요. 수영장에서 만나는 사람들과도 친해지려고 애쓰고 있어요."

이야기를 맺으며 나는 한마디했다.

"만약 5년쯤의 세월을 허송했다고 낙담하는 후배가 있다면 너야말로 그 후배를 위로할 자격이 있어. 나는 그런 위로를 할 자격이 없지. 그렇게 보면 너의 그 10년이 꼭 낭비만은 아니야."

그 후배는 얼마 뒤부터 귀를 뚫고 매니큐어를 칠하기 시작했는데 나는 그것마저도 세상과 싸워 이기려는 노력처럼 보여, 못내 안쓰러웠다.

서울 시내가 온통 최루가스로 자욱하던 날, 그 후배가 사무실로 전화했다. 노래와 구호 외치는 소리가 전화를 통해서도 멀리 들려왔다.

"형, 나 오늘 거리에 나왔어요. 오랫만에 「단결투쟁가」를 불러 보니까 눈물이 다 나오려고 해요. 구호도 외쳤어요. 처음엔 팔이 잘 안 올라가더라구. 근데, 어느 깃발 아래 모여야 할지 몰라서… 수많은 깃발 중에 내가 따라다녀야 할 깃발이 없다니… 다른 사람들은 흩어졌다가도 깃발 보고 다시 모이는데….'

다연발 최루탄 소리와 함께 전화가 끊겼다. 마치, 걸프전의 CNN 뉴스를 듣는 것 같았다. 30분쯤 지나서 다시 전화가 왔다.

"형, 아는 사람들 만나려면 어느 깃발 아래로 가야 돼요? 근데, 오늘 같은 날 형은 도대체 사무실에서 뭐하는 거예요? 빨리 신촌으로 나와요. 더 중요한 일이 있겠지, 뭐… 아, 저기 물대포 온다. 저거 참 희한한데… 우리 때는 저딴 거 없었잖아요? 개자식들, 나중엔 아마 진짜 대포를 쏠지도 몰라….'

멀리서 노랫소리가 들리는가 싶더니 전화가 또 끊겼다. 잠시 동안 일이 손에 잡히지 않았다.

그래. 역시 너는 너야. 네가 「단결투쟁가」를 부르며 눈물을 흘리는 건, 최루가스가 매워서만은 아니지. 부디 그렇게라도 살자. 귀를 뚫고 손에 매니큐어를 칠한 채 거리에 나섰겠으나, 그럴 때의 너는 마치 김민우의 노래 가사처럼 자랑스럽다. '나 한 번도 말은 안했지만, 너 혹시 알고 있니? 너를 자랑스러워 한다는 걸.'

2년 뒤 후배는 자기가 하고 있는 일에서 보란듯이 성공하여 텔레비전 연속극 여주인공의 실제 모델이 되기도 했다. 성공한 전문직 커리어 우먼이 드라마의 주인공이었는데, 방송작가가 며칠 동안이나 후배 뒤를 졸졸 따라다니며 일상생활을 철저히 기록하면서 대본을 썼다고 했다. 그 미니시리즈가 공전의 히트를 기록하며 방영되는 동안, 후배의 회사에서는 후배의 일거수 일투족을 그대로 흉내 낸 여주인공의 연기가 내내 화제가 되었다.

내 생일 다음날 퇴근 무렵, 후배가 사무실로 찾아왔다. 우리 사무실이 들어 있는 빌딩 1층 식당에 가서 자리에 앉자마자 후배가 대뜸 말했다.

"어제가 형 생일인 거 다 알고 왔는데… 나 오늘 완전 개털이야. 형이 밥값 내야 돼. 히히."

해묵은 편지

해묵은 편지들을 정리했다. 누렇게 바랜 편지 묶음에서 꽤 두툼한 편지 하나가 나왔다. '헤프게 지껄일 것을 염려하여, 다시 지울 수 있는 연필로 적습니다'라고 시작된 편지는 '저녁, 어둠 속에서 나는 마녀처럼 웃고 있을 것입니다'라는 비장한 문장으로 끝을 맺고 있었다. 서울에서 온갖 세파에 시달리다가 시골에 내려가 또 다시 가족들과 부대끼는 힘든 상황을, 평소 상당한 필력으로 인정받고 있는 후배는 그렇게 표현하고 있었다.

　편지의 첫 장에는 이름 모를 풀꽃 하나가 붙어 있다. 이런 편지를 받은 적도 있었나… 날짜를 보니 그간 5년이나 세월이 흐른 편지였다. 어렵사리 전화번호를 알아내어 정말 오랜만에 후배에게 전화했다. '풀꽃 한 송이를 붙여서 보낸 편지가 있더라'는 내 말에 후배는 말했다.

"내가 그렇게 유치한 짓을 했을 리가 없어요."

후배는 끝내 자기가 아니라고 박박 우겼다.

광주 고속버스 터미널에 들르면 가끔 이 후배 생각이 난다. 광주에 내려갈 일이 있었지만 후배를 만날 시간이 없어 고속버스 터미널에서 잠깐 만나기로 한 적이 있었다. 안으로 들어서니 널찍한 대합실 저쪽 끝에 후배가 보였다. 후배는 표를 사는 창구 앞으로 갔다가 다시 돌아 나오더니 핸드백을 뒤지며 혼자 마구 웃고 있었다. 키가 훌쩍 큰 여자가 널따란 대합실에서 혼자 서서 마구 웃고 있으니 좀 이상해 보였다. 내가 다가가서 물었다.

"왜 혼자 웃고 있는 거야?"

"올라가는 버스표를 끊어드리려고 했는데, 그 돈이 안 되는 거예요. 다 큰 여자가 서울서 내려온 선배 버스표 한 장 사줄 돈도 없다는 게 너무 우스워서, 혼자 웃었어요."

환갑이 넘은 할아버지가 되어서도, 광주 고속버스 터미널에 들를 때마다 두고두고, 그 후배가 생각날지 모른다. 참 이상하다. 표를 사 준 사람보다, 표를 사 주지 못한 사람이 더 오래 기억에 남으니….

후배 연가

이야기 하나

후배는 만날 때마다 입버릇처럼 말했다.

"신문사 일은 이제 지긋지긋해요. 때려치우고 싶어요."

농담처럼 이런 말을 한 적도 있었다.

"시골 작은 도서관 사서로 일하며 늙고 싶어요."

후배는 기어이 서울의 신문사에 사표를 냈고 공립도서관 사서 임용시험에 합격했다. 새 직장 전화번호를 알려주면서, 우리나라 땅끝에 있는 작은 도서관으로 발령받았다고 환하게 웃으며 말했다.

"직원이 모두 세 명밖에 안 돼요. 정말로 코딱지만 한 도서관이에요."

수화기 너머로 밝게 웃는 얼굴이 보이는 듯했다.

몸이 멀어지면 마음도 멀어지게 마련이어서, 그 뒤로 연락이 뜸해졌다.

이야기 둘

이제는 바람이 부는 날에도
바람이 불어서요
라는 전화가 오지 않는다.
하늘 가득 구름이 내려앉은 날에도
이런 날씨는 미치겠어요
라는 전화가 오지 않는다.

오늘처럼
비가 쏟아지는 날에도…
라고 막 썼을 때 전화가 왔다.
앞으로는 전화를 자주 하기로 했어요.
오랜만에 하 선배의 전화를 받으면 눈물이 난다,

라고 썼다가 전화하는 거예요.

오랜만에 전화를 받아도 눈물 나는 일이 없도록

이제는 전화를 자주 하겠어요.

이곳은 아직도 5일장이 남아 있어요.

언제 한번 내려오셔서 구경 가요.

오늘처럼 비가 내리면

옥수수를 사다가 쪄 먹어도 좋을 거예요.

이야기 셋

지방에 내려갔던 김에 조금 더 남쪽으로 내려가, 바닷가 작은 도시에 사는 후배를 만나고 왔다. 읍사무소 앞마당에서 만나기로 약속하고 일찌감치 가서 기다리자니, 도서관에서 잠시 짬을 낸 후배는 이제 막 집에서 나온 사람처럼 편안한 스웨터 차림으로 나타났다. 우리는 점심을 먹으러 허름한 한옥 식당으로 들어갔다. 창호지를 곱게 바른 장지문이 달린 방에서 하얀 모조지를 반듯하게 깔아 놓은 상을 가운데 두고 앉자마자 후배가 말했다.

"한 2년 만이지요? 그새 머리숱이 많이 엷어지셨네."

"아무도 그런 말 않던데…."

"대머리라는 게 아니라, 전처럼 머리카락이 무성한 청소년 같은 느낌은 이제 없어졌다고요."

식사를 마친 후 후배는 그곳에도 꽤 그럴듯한 도시적 분위기의 커피 전문점이 생겼다며 나를 데리고 갔다. 커피를 마시며 최영미의 시보다 더욱 도발적인 후배의 글에 대해 이야기했다.

"최영미의 시를 읽으며 나는 마음속으로 그랬지. 그대 이전에 일찍이, 그대보다 더욱 도발적인 느낌으로 다가온, 그런 시를 쓴 이가 내게 있었노라, 후후."

"내 글을 읽고 최영미랑 분위기가 비슷하다는 사람이 많아요. 나는 최근에야 그의 글을 읽었는데…."

줄 타는 광대는 몸이 기우는 반대편으로 부채를 펼쳐야 한다. 시인의 부채는 사회의 어느 쪽으로 펼쳐져야 하는가… 내가 이런 얘기를 했을 때, 후배는 나와 생각이 좀 다르다고 했다.

커피 전문점을 나서니 추적추적 비가 내리고 있었다. 후배는 우산을 하나 사서 내게 선물로 주었다. 다음날 일정에 쫓겨 허겁지겁 올라와야 했으니, 비 오시는 날 옥수수를 사다가 쪄 먹자던 우리의 약속은 고스란히 남아 있는 셈이다.

이야기 넷

멀리 남도 지방에 내려갔다가 허겁지겁 올라왔다.

국립중앙도서관으로 연수교육을 받으러 온 후배가 점심을 먹자고 했는데 늦으면 어쩌나….

서둘러 사무실로 들어와 숨을 고르고 있는데 전화가 왔다. 내가 전화를 받자마자 후배는 대뜸 말한다.

"오메, 징한 거…."

후배의 말씨에는 벌써 남도 사람 냄새가 짙게 풍겼다. 바람처럼 달려가 국립중앙도서관의 구내식당에서 함께 점심을 먹었다.

"내일 새벽에 다시 지방으로 가야 해."

내 말을 듣고 후배가 놀란 표정으로 묻는다.

"그런데 뭐 하러 왔어요? 나하고 점심 먹으려고 일부러 올라왔어요? 이렇게 비까지 오는데…."

"사람들이 나더러 미쳤다고 하더군. 새벽에 다시 내려올 걸 뭐 하러 굳이 올라가느냐고."

"정말 나 때문에 서울로 다시 올라왔단 말이에요?"

"그렇다니까."

"오메, 징한 거!"

후배는 도서관 현관까지 나를 배웅했다. 우산이 없어서 더는 나오지 못하게 했다. 지방으로 돌아가는 내내 비가 나를 따라왔다.

2년 만의 만남이었으니 앞으로 또 2년 후에나 보게 되려나. 평생 이렇게 만나면 우리는 죽을 때쯤에야 함께 묻히고 싶다는 생각이 들지도 모른다.

광주 기행, 찻집

여덟 차례나 광주를 다녀오면서 고속버스, 비행기, 승용차를 닥치는 대로 이용했는데 이번에는 기차를 타기로 했다. 광주역은 열차 편이 뜸하기로 소문이 난 곳이니, 기차를 이용할 때는 송정리역에서 타고 내리라고 광주 사람이 일러주었다.

송정리역에서 내렸는데 약속 시간까지는 두 시간이나 남아 있었다. 역 근처에서 적당히 시간을 보낼 곳을 찾다가 '전통찻집'이라고 쓰인 간판이 눈에 들어왔다. 그 바로 옆 건물에 있는 분식집에서 우선 떡라면으로 배를 채웠다. 계산하면서 주인아주머니에게 물었다.

"저 옆 2층에 전통찻집이라고 쓰여 있는 집이 차 파는 집 맞습니까?"

"왜요?"

"차 판다고 써놓고 혹시 술 파는 집은 아닌가 싶어서…."

"저도 안 들어가 봐서 잘 모르겠네요. 찻집이라고 쓰였으니 차 팔지 않겠어요? 전통찻집이라고 쓰여 있지 않습디여?"

나는 떡라면을 먹고 전통찻집으로 갔다. 2층 계단을 올라가니 통유리로 된 출입문이 있는데 내부가 전혀 보이지 않게 선팅을 해놓았다. 불길한 예감이 드는 순간, 안에서 음악 소리가 희미하게 흘러나온다. 바흐의 무반주 첼로 조곡…. 문익환 목사님의 장례식에서 정명화 씨가 연주하여 듣는 이들의 가슴에 눈물 자국을 냈던 곡. 이런 음악을 틀어 놓는 집이라면 절대로 음침한 술집일 리 없다.

문을 밀고 들어서니 손님은 아무도 없고 30대 중반쯤 되어 보이는 아주머니 혼자 신문을 펴놓고 읽다가 일어선다.

"차 파는 곳 맞습니까?"

"그럼요."

몇 종류 되는 차 중에서 조금 비싼 녹차를 시켰다. 우전(雨前)이었나. 그래 봐야 500원 차이다. 잠시 후에 차를 내왔는데, 숙우(宿雨)와 다관(茶館)까지 갖추어 차를 내는 제대로 된 찻집이었다. 차를 적당히 우려내어 다관을 약간 높게 들고 작은 찻잔에 쪼로록 따르는 나를 보더니 아주머니가 신문을 읽다 말고 일어

나서 말한다.

"차를 아주 제대로 마실 줄 아시는 분이시군요."

"제대로 마시는 게 따로 있나요. 뭐."

아주머니는 다시 신문을 보다가 내 쪽을 보며 말했다.

"쌀과자가 있는데 차와 함께 드시겠어요?"

"예. 고맙습니다."

창밖으로 그 집의 간판이 보였는데, 비록 아크릴 간판에 그린 사군자였지만 예사 솜씨가 아니다. 나중에 계산하면서 주인아주머니에게 물었다.

"간판 그린 이가 누군지 몰라도 난(蘭)을 아주 제대로 쳤습니다."

주인아주머니는 눈을 동그랗게 뜨고 말한다.

"어떻게 아셨어요? 동양화 그리는 선배한테 가서 간판에는 절대로 그림 안 그린다는 걸 며칠 동안이나 떼를 써서 억지로 받아온 거예요."

찻집 밖으로 나서니 눈이 내리고 있었다. 약속 장소까지 걸어가는 동안 어깨 위로 눈이 제법 수북이 쌓였다. 눈 내리는 광주에서 제법 맛깔스러운 차를 마시게 해준 그 아주머니를 나는 오랫동안 잊지 못할 것이다.

아, 나의 님은 갔습니다

지하철역 구내서점에 처음 책을 사러 갔던 날, '곱게 늙으셨다'는 표현이 꼭 어울리는 주인 할머니를 만났다. 할머니는 내게 말하다 말고 갑자기 손으로 자기 입을 가리셨다.

"제 입에서 음식 냄새가 나서 그러시죠? 방금 점심을 먹었거든요."

절대로 아니었는데…. 내 얼굴에서 어떤 표정을 읽고 그러셨는지 내가 오히려 참 미안했다. 할머니와는 그렇게 처음 만났다. 지금으로부터 5년쯤 전이었다.

내가 다달이 사서 보는 월간지가 제 날짜에 나오지 않으면, 할머니는 사무실로 전화를 해주시기도 한다. 내가 괜한 헛걸음이라도 할까 봐 마음을 써주시는 거다. 그 작은 서점에는 전화가 없어서, 전화를 하려면 매번 서점 문과 창문을 잠그고 일부러 공중 전화 있는 곳까지 나와야 하는데, 그 수고를 생각하면 정말 요즘에는 보기 드문 고마운 친절이다.

가끔 안경을 마치 헤어밴드처럼 머리 위에 올려 쓰기도 하시고, 어떤 날은 퍼머넌트머리에 진짜 헤어밴드를 하고 앉아 계시기도 한데 그 모습이 젊은 사람 못지않게 잘 어울렸다.

교통사고를 당해 두 달 만에 출근했다가, 그 서점에 들렀다. 할머니는 내 얼굴을 보시더니 대뜸 말씀하신다.

"얼굴이 많이 좋아졌네요."

"좋아졌다고요? 아니에요. 살이 너무 찐 거예요."

"아닙니다. 지금이 딱 보기 좋네요. 전에는 너무 야윈 편이었거든요. 이제 거기서 살이 더 찌지만 않으면 되겠어요."

나도 할머니께 안부를 물으니 한숨을 쉬시며 말씀하신다.

"이렇게 말랐어도 그동안 감기 한 번 안 걸렸는데… 이제는 나이를 많이 먹어서 자꾸 아프네요. 혈압도 높다고 하고."

나보다 한 살 아래인 아드님이 '이제 그만 일하고 집에서 쉬시라'고 자꾸 말려서 두 달 후에는 가게도 정리할 거라고 하셨다.

지난 달 중순이 좀 지나서 들렀을 때, 할머니는 내가 주문한 책을 건네주면서 말씀하셨다.

"내가 이 달 말일까지만 나오고, 드디어 여기를 그만두게 되었네요. 이제는 책을 올리고 내리는 일도 너무 힘들어서요."

적당히 할 말을 찾지 못하는 내게 할머니가 말씀하셨다.

"이 달 말일 되기 전에 꼭 한번 들르세요. 내가 잡지 부록 중에 좋은 것 몇 개를 반품 안 하고 살짝 챙겨 놓을게요. '이게 어디 갔나' 하면서 찾는 척하면 그냥들 가더라고요. 이번 달 잡지 부록이 좋은 게 많거든요. 꼭 말일 전에 한번 나오세요."

그런데 나는 바쁘다는 핑계로 차일피일 미루다가 지난 달 말일 오후가 되어서야 허겁지겁 그 서점에 들를 수 있었다. 할머니는 보이지 않고 책과는 전혀 관계없는 듯한 인상의 아주머니 두 분이 가게를 정리하고 있었다.

"이 서점에 계시던 할머니는 어디 가셨나요?"

"아, 그분이오. 오늘 오전에 나와서 인수인계 끝내고 조금 전에 막 들어가셨는데요."

"이제 안 오시나요?"

"올 일이 없지요."

나는 힘없는 발걸음으로 그곳을 떠났다. 그 책방 어느 구석엔가 할머니가 내게 주시려고 챙겨놓은 잡지 부록들이 예쁘게 꾸려져 있을 것만 같았으나, 다시 가서 묻지는 못했다.

'아, 나의 님은 갔습니다….'

아름다운 책방

찻집을 해도 어울릴 만큼 예쁜 건물에 책방이 새로 생겼다. 건물 외벽에 꼭 필요하지 않은 조명등이 몇 개 켜져 있는 것으로 보아 그 집의 주인은 적당히 멋을 아는 사람임이 분명했다.

한번 들러 봐야겠다고 벼르고 있다가 며칠 후 퇴근길에 격자무늬 유리문을 밀고 안으로 들어갔다. 커다란 창가에 주인의 눈썰미가 느껴지는 기다란 무늬목 탁자가 놓여 있고, 그 옆에는 커피 자동판매기가 있다. 학생들이 집에 가는 길에 들러서 책에 코를 박고 열심히 독서삼매에 빠져 있었다.

내가 들어오는 것을 보고 주인아주머니가 재빨리, 그러나 서두르지 않는 동작으로 음악을 바꾸었다. 아, 내가 좋아하는 음악이었다. 손님의 얼굴을 보고 그 손님이 좋아하는 음악을 대번에 알아맞힐 수 있는 서점 주인이라니. 우연의 일치가 아니었다. 며칠 후 그 아주머니가 나이 지긋한 오십 대 손님을 위해 트로트를 트는 것을 내가 분명히 보았으니까.

나는 약간의 두근거리는 마음으로 말을 건넸다.

"이 예쁜 건물에 서점을 만들어 주셔서 정말 고맙습니다."

"동네 사람들은 모두 카페나 술집이 생길 줄 알았다는군요."

"예전부터 이런 책방을 경영하는 것이 꿈이셨지요?"

"예. 정말 그랬어요."

"저는 이런 책방의 좋은 손님이 되는 것이 꿈이었습니다."

속으로 내가 좀 유치하게 군다는 느낌이 없는 것은 아니었지만, 주인아주머니와 나는 반갑게 이야기를 나누었다. 그 건물 3층에 주인 내외의 살림집이 있다는 것을 알게 된 날, 나는 서점을 나서며 결심했다.

'6개월 안에 3층에 올라가 보리라.'

그 꿈은 생각보다 빨리 이루어졌다. 김명인이 독일 여행기 『잠들지 못하는 희망』을 펴냈다는 신문기사를 뒤늦게 읽었다. 얼마 전 김명인을 처음 만나던 날 '사라진 평론가 김명인입니다. 지금도 계속 사라져 있는 중이오니, 오늘 저를 만난 것도 잊어 주십시오'라고 의미심장한 인사를 했던 것이 생각났다. 그 책을 주문하고 퇴근길에 들렀을 때, 서점 아주머니가 말했다.

"올라가서 차 한잔 하시겠어요? 오늘쯤 들르실 것 같아서, 일찌감치 청소해 놓고, 남편과 아이들한테 방 어질러 놓지 말라고 단단히 일렀는데….."

아기자기하게 예쁠 뿐만 아니라 튼실한 느낌을 주는 집이었다. 돈을 많이 들였겠으나 사치스럽지는 않았고, 꼭 있을 만한 것들이 제자리에 놓여 있다는 느낌을 주었다. 3층 거실에서 4층으로 연결되는 내부 계단을 올라가면서 내가 말했다.

"꼭「바람과 함께 사라지다」같군요."

앞서서 계단을 오르던 주인아주머니는 깜짝 놀라며 나를 돌아본다.

"어떻게 아셨어요? 그 영화를 몇 번이나 보면서, 비슷한 분위기의 커튼 천을 찾느라고 얼마나 애썼는데, 커튼 하나만은 제대로 하고 싶었거든요."

4층과 5층 중간에 자리한 다락이 특히 마음에 들었다. 피아노와 침대가 놓여 있는 작은 방과 욕실에 베란다가 딸린 거실까지 따로 마련되어 있었다. 손님이 와서 며칠 동안 넉넉히 묵어도 될 만했다. 나는 침대를 손바닥으로 꾹꾹 눌러 보면서 짐짓 말했다.

"가끔 와서 며칠 신세 지다가 가도 될까요?"

아주머니는 쿡쿡 웃으면서 답한다.

"부부싸움 하고 도망 오시려고요? 그건 좀 곤란한데."

나가는 길에 아주머니는 내게 지하실을 구경하겠느냐고 물었다. 나는 별 생각 없이 따라 내려갔다가 지하실에 조명이 켜지는 순간 소리를 지를 뻔했다. 40평쯤 되는 미래의 소극장이 그곳에 있었다. 콘크리트 숲의 삭막한 도시에서 작은 공연 무대를 하나 만드는 것이 아주머니의 두 번째 꿈이라고 했다.

며칠 후, 그 책방 근처에 사는 탤런트 이효정 씨에게 이야기해 줬더니, 내게 말도 하지 않고 어느 날 불쑥 그 책방에 다녀왔던 모양이다. 책방에 들렀더니 주인아주머니가 기다렸다는 듯이 내게 말한다.

"아저씨가 탤런트 이효정 씨한테 우리 책방 소개했어요?"

"예. 그 친구가 벌써 여기 왔었나 보군요. 성질도 급하지. 그 사람이 탤런트인 건 알아보셨나요?"

"그럼요. 내가 얼마나 좋아하는 사람인데요. 「난장이가 쏘아 올린 작은 공」으로 데뷔했지요? 사인도 얼른 받아 두었어요. 지하실도 둘러보고 갔어요. 소극장 하기에는 조금 좁은 것 같다고 하더군요."

아주머니는 나중에 이런 말도 했다.

"혹시, 그 사람한테 내가 미인이라고 얘기했나요?"

"아니오. 그렇지만, 미인을 연상하게끔 얘기하기는 했지요."

"어쩐지… 들어오면서 나를 보더니, 뭔가 실망하는 눈치더라고요."

그 아주머니는 자기의 두 번째 꿈을 이루지는 못했다. 그러나 그 눈물겹도록 서러운 이야기는 아직 할 때가 아니다.

12월 31일, 바하

12월 31일. 아침 출근길에 듣는 FM 방송부터 온통 '가는 해'에 대한 이야기로 들떠 있다. 한 해를 마무리하는 오늘, 차 한잔 함께 나누자고 좋은 친구가 찾아오기로 했다. 약속 시간이 되었을 때, 커피 전문점 바하의 문을 열고 들어가니 그는 벌써 와서 구석에 자리를 잡고 앉아 있었다.

"커피 부족하지 않으세요?"

이야기가 길어지자 메릴 스트립을 빼닮은 커피 전문점 사장님이 와서 빈 잔을 가득 채워주었다.

나는 덕담을 한답시고 너스레를 떨었다.

"올해 일 년 동안 제게 생긴 좋은 일 가운데 하나가 바로 바하를 알게 된 거라고 방금 이 친구와 얘기하고 있었어요."

사장님이 웃으며 말했다.

"손님이 여기 처음 오신 건 오늘이 아니에요. 작년 11월부터였어요."

"그랬어요?"

"어떤 손님은 다섯 번씩이나 이곳에 왔는데도 기억해 주지 않는다고 불평을 하시던데… 손님이 여기에 처음 오신 날은 제가 아주 정확하게 기억하고 있어요. 개업한 지 며칠 안 되었던 작년 11월 어느 날, 밤 10시쯤 문 닫고 들어가려고 가게를 막 정리하고 있는데, 손님이 들어오셨어요."

"그래도 '이 가게가 우리 가게다'라는 생각하게 된 것은 올해부터니까. 하하."

"여기에서 일했던 아르바이트 학생들도 모두 배취 아저씨가 한동안 안 오시면 궁금하다고 그래요."

내가 '배취 아저씨'로 불리게 된 내력은 이렇다. 어느 일요일, 우리 가족이 교회에 다녀오는 길에 모두 바하에 들렀을 때, 초등학교 3학년인 딸아이가 이 집 상호 Bach를 '배취'라고 읽었다.

"배취가 뭐야? 가게 이름이 뭐 이래?"

그 말을 듣고 모두 배꼽이 빠지게 웃었고, 그날부터 나는 배취 아저씨가 되었다.

베취 아저씨

친구와 헤어질 시간이 되어 카운터 앞에 가서 지갑을 열었을 때 사장님이 두 손을 휘휘 저으면서 마다했다.

"그냥 가세요. 오늘은 돈 안 받으려고 처음부터 계산서를 안 끊었어요."

"그래도 그렇지, 올해 마지막 커피인데."

"아니라니까요. 보세요. 여기 계산서도 없잖아요."

사장님은 연신 얼굴에 웃음을 가득 띤 채, 아예 카운터 뒤로 멀찌감치 물러나 버렸다. 나는 고맙다고 인사하고 나오다가 엉거주춤 돌아서서 말했다.

"올해의 이 마지막 커피 한 잔으로, 새해 1년 동안 가슴 뿌듯하게 살겠습니다."

퇴근하면서 나는 사무실에서 듣던 CD 한 장을 들고 다시 바하로 갔다.

"재즈도 들어보세요. 고전음악만 틀지 말고."

사장님은 활짝 웃으면서 말했다.

"혼자 있을 때는 자주 들어요. 이따가 가게 문 닫고 크게 들을게요."

"새해에 또 뵙겠습니다."

아주 씩씩하게 바하를 나서는 내 등 뒤에서 한 해를 마감하는 문이 닫히고 있었다.

「이 도서의 국립중앙도서관 출판시도서목록(CIP)은 e-CIP 홈페이지(http://www.nl.go.kr/ecip)에서 이용하실
수 있습니다.(CIP제어번호: CIP2010001678)」

1판 1쇄 발행일 2010년 5월 20일 | **1판 3쇄 발행일** 2014년 12월 31일 | **글** 하종강 | **그림** 장차현실
펴낸이 김문영 | **편집인** 임왕준 | **디자인** 디자인 이숲 | **펴낸곳** 이숲 | **등록** 2008년 3월 28일 제301-2008-086호
주소 서울시 중구 장충동1가 38-70(장충단로8가길 2-1) **전화** 2235-5580 **팩스** 6442-5581
홈페이지 http://www.esoope.com **e-mail** esoope@korea.com
ISBN 978-89-94228-03-7 03040 ⓒ 이숲, 2010, printed in Korea.